【中国人格读库】

国家新闻出版广电总局

培育和践行社会主义核心价值观主题出版重点出版物

黄兴传

高占祥 主编

席金林 著

北京时代华文书局

图书在版编目（CIP）数据

黄兴传 / 席金林著 . -- 北京 : 北京时代华文书局 , 2015.8（2022.3 重印）
（中国人格读库 / 高占祥主编）
ISBN 978-7-5699-0440-6

Ⅰ. ①黄… Ⅱ. ①席… Ⅲ. ①黄兴（1874 ～ 1916）—传记 Ⅳ. ① K827=6

中国版本图书馆 CIP 数据核字（2015）第 174995 号

黄 兴 传

Huang Xing Zhuan

主　　编 | 高占祥
著　　者 | 席金林

出 版 人 | 陈　涛
责任编辑 | 邢　楠
装帧设计 | 程　慧　段文辉
责任印制 | 訾　敬

出版发行 | 北京时代华文书局 http://www.bjsdsj.com.cn
北京市东城区安定门外大街 138 号皇城国际大厦 A 座 8 楼
邮编：100011　电话：010 - 64267955　64267677
印　　刷 | 三河市嵩川印刷有限公司　0316 - 3650395
（如发现印装质量问题，请与印刷厂联系调换）

开　　本 | 787mm×1092mm　1/16　　印　　张 | 10　　字　　数 | 95 千字
版　　次 | 2016 年 1 月第 1 版　　印　　次 | 2022 年 3 月第 3 次印刷
书　　号 | ISBN 978-7-5699-0440-6
定　　价 | 38.00 元

社会主义核心价值观与中国人格

周殿富

社会主义制度在中国已经建立了六十余年，而我们党则在本世纪初叶提出了培育弘扬社会主义核心价值观的重大课题，显然是其来有自。

社会主义的道德风尚在新中国蔚然兴起，曾经那样地风靡于二十世纪中叶。邓小平同志曾经在改革开放中讲过，当年“这种风气不仅是中国历史上从来没有过的，而且受到了世界人民的赞誉”。然而可惜的是，这个在社会主义制度建立与实践中，同步兴起的社会主义道德风尚的成长道路，却是一波四折。半个多世纪以来，它先是与共和国一道遭受了十年“文革”的浩劫；接着便是全党工作重心转移到改革开放进程中，欧风美雨“里出外进”的浸洗濡染；再接着是西方“和平演变”在东欧得手的强烈震荡与冲击；最后又是市场经济中那两只“看不见的手”在搅动着、嬗变着人们的价值取向。至少在国民中出现了价值观上的多层次化，传统美德的弱化，社会道德文明水准的退化，光荣革命传统的淡化，这也许正是中央在本世纪初提出社会主义核心价值观的原因吧。

不管怎么“变”，怎么“化”，当我们回首来时路，却不能不说，中华民族真的很强大，很值得骄傲。人类经历了几千年的文明进程，堪称世界文化之源的“五大文明古国”，其他四大古国文明都已被历史淘汰灭亡，只有中国成了唯一的延续存在。近现代即使那般的积贫积弱，被西方列强豆剖瓜分、弱肉强食，想亡我中华都不可能，就连最强大的美帝国主义，最凶残的日本军国主义都成为我们的手下败将，而且打出了一个新中国，且跨过整整一个历史阶段，直接进入了社会主义。西方敌对势力几十年不遗余力地对新中国百般围剿，“冷战”“热战”“和平演变”手段用尽，连如此强大的前苏联乃至整个苏东阵营都被瓦解了，而社会主义的旗帜仍旧在960万平方公里的土地上高高飘扬，而且昂首挺胸地屹立在世界的东方，中国真的是太强大了。几十年来的瞩目成就，竟然令西方发出了“中国威胁论”。你管他别有用心也好，言过其实也好，总比让别人说我们是“瓷器”，是“东亚病夫”好吧？1840~1949年的一百零九年间，中国尽受别人的欺负、“威胁”了，我们也能让那些昔日列强有点“威胁感”，又有什么不好？更何况这是他们自己说的啊！我们并没吹嘘，也没有去做。几千年来我们侵略过谁呢？“反战”“非攻”“兼相爱，交相利”，中国古有墨子，近有周恩来、邓小平同志。这也是中华民族固有传统美德的延续吧！

生于忧患，死于安乐，这也当是中华民族的一个传统美德吧？几十年来尽管中国如此繁荣兴旺，但从邓小平生前一直到党的“十八大”以来，无论哪一届中央领导集体，从来都没有忘记过国之忧患。忧在何处，患在何处呢？

二十世纪八十年代末，邓小平同志曾经在半年的时间内四次提到：中国改革开放十年最大的失误在教育，在“对青年的政治思想教育抓得不够”“对人民的教育不够”，足见他的痛心疾首。他晚年时又提到了“国格”与“人格”的问题，讲道：“谈到人格，但不要忘记还有一个国格。特别是像我们这样第三世界的发展中国家，没有民族自尊心，不珍惜自己民族的独立，国家是立不起来的。”

（精装版《邓小平文选》第3卷331页。）

人们很少注意到邓小平的这一段话，但邓小平恰恰是在这里把“国格”“人格”提升到了事关“立国”的高度。

那么，什么是我们社会主义的“国格”呢？邓小平讲得很明白：“民族自尊心”“民族的独立”。

新中国一路走来，我们最大的尊严便是完全靠“自力”，靠“艰苦奋斗”，而达“更生”之境。对西方敌对势力的“冷战”“热战”“和平演变”，我们何曾有过屈服？也正是在这一前提下，我们才有真正的“民族独立”。这就是我们的国格。那么什么是我们中国人的人格呢？邓小平同志在这里没有讲，但他在1978年4月22日召开的全国教育工作会议上的讲话中，在讲到我们的教育培养目标时，至少提到与社会主义人格相关的各个方面：革命的理想，共产主义的品德，勤奋学习，严守纪律，艰苦奋斗，努力上进，爱祖国，爱人民，爱劳动，爱科学，爱护公共财产，助人为乐，英勇对敌，集体主义精神，专心致志地为人民工作，等等。这里的哪一条不属于社会主义人格的范畴呢？

2006年党的十六届三中全会，第一次提出了“建设社会主义核心价值体系”的历史性命题和战略任务。2007

年，胡锦涛同志在“6·25”讲话中又具体提出这个“体系”包括四个方面的内容：①马克思主义的指导思想；②中国特色社会主义共同理想；③以爱国主义为核心的民族精神和以改革创新为核心的时代精神；④社会主义荣辱观。这四个方面，一是信仰，二是理想，三是精神，四是道德文明，哪一个不在社会主义人格的范畴之内呢？党的十七届六中全会又提到了社会主义核心价值体系是“兴国之魂”。

2012年11月，在党的“十八大”上又用“三个倡导”把社会主义核心价值观概括为十二项：①倡导富强、民主、文明、和谐；②倡导自由、平等、公正、法制；③倡导爱国、敬业、诚信、友善。而且中办文件又把这“三个倡导”分为三个层面：第一个“倡导”的四项，是国家层面的价值目标；第二个“倡导”的四项，是社会层面的价值取向；第三个“倡导”的四项，是公民个人层面的价值准则。实际上前两个“倡导”的八项都是属于“国格”范畴，而第三个“倡导”是属于“人格”范畴。

那么，我们怎样才能在前面讲到的那些历史嬗变中培育建构起这个“核心价值观”呢？中共中央政治局的第十三次集体学习，似乎很明确地回答了这个问题。

新华社北京2014年2月25日电讯称：中央政治局在2月24日，以弘扬社会主义核心价值观，弘扬中华传统美德为内容，进行了集体学习，习近平总书记在主持学习时强调：

> 培育和弘扬社会主义核心价值观必须立足中华优秀传统文化。牢固的核心价值观，都有其固有的根本。抛弃传统、丢掉根本，就等于割断了自己的精神命脉。博大精深的中国优秀传统文化是我们在世界文化激荡中落稳脚跟的根基。中华文化源远流长，积淀着中华民族最深层的精神追求，代表着中华民族独特的精神标识，为中华民族生生不息、发展壮大提供了丰厚滋养。中华传统美德是中华文化精髓，蕴含着丰富的思想道德资源。不忘本来才能开辟未来，善于继承才能更好创新。对历史文化特别是先人传承下来的价值理念和道德规范，要坚持古为今用、推陈出新，有鉴别地加以对待，有扬弃地予以继承，努力用中华民族创造的一切精神财富来以文化人，以文育人。

习近平总书记的这段论述相当精辟，对于如何培育建构社会主义核心价值观问题从四个方面剀切明白。

第一，他明确指出要在中华优秀传统文化的基础上，来构造我们的社会主义核心价值观，而不能割断历史。这一条十分重要，否则我们便会失去我们的本来面目，便会成为无源之水，也就无法走向未来。

第二，指出了中华传统美德是中华文化精髓，蕴含着丰富的思想道德资源。这就为我们揭示了社会主义核心价值观，要以弘扬优秀的中华传统美德为基础。

第三，他指出，对传统文化在扬弃中继承，在继承中创新。这就是说，社会主义核心价值观的内涵，既要有优良传统的文化精神，也要有时代精神，是二者的有机结合。

第四，他指出要用中华民族创造的一切精神财富，来化人育人。这就是说，弘扬中华民族文化，并不只是传承儒学那些道统，而是要弘扬全民族共创的优秀传统文化。同时也就是说，培育、弘扬社会主义核心价值观的根本目的是化民、育人。

尤其值得瞩目的是，习近平总书记在这次讲话中提到了一个“中华民族独特的精神标识”问题，而在同年的全国组织部长会议上又提出我们再也不能以GDP论英雄的思想。让人欣慰的是，思想道德文化建设终于被提升到一个民族的标识地位，这至少表明中国人的思想观念，并不落伍于世界潮流。

并不受人欢迎的亨廷顿生前给他的祖国提出的警示忠告，竟是如何弘扬他们没有多少历史和文化的“传统文化”:“盎格鲁新教精神——美国梦”，以此为国家的“文化核心”问题。他讲道:“在一个世界各国人民都以文化来界定自己的时代，一个没有文化核心而仅仅以政治信条来界定自己的社会，哪有立足之地？”所以，他提醒他无限忠于的祖国，一定要巩固发扬他们自入居北美以来，在新教精神基础上形成的“美国梦”理念的“文化核心”地位，这样才能消解这个国家的民族与文化双重多元化的危机。为此，他甚至预言美国弄不好会在本世纪中叶发生分裂。而且他公开预言不列颠大英帝国也会因民族与文化多元化的问题，导致在本世纪上半期发生分裂。

西方的一些专家学者们也十分强调国家民族文化的地位问题，柏克说:“全世界的人根据文化上的界限来区分自己。”丹尼尔同样说:“保守地说，真理的中心在于，对一个社会的成功起决定作用的是文化，而不是政治。开明地说，真理的中心在于，政治可以改变文化，使文化免于沉沦。”这些语言也可能有它们的局限性与某种非唯物性，但至少可以让我们看到那些发达的资本主义国家在想什么，至少与马克思主义经典作家们，关于意识形态并不总是消极被动地接受它的经济基础的论断并不相悖。

中国显然具有世界上最悠久的民族文化，同时显然也拥有世界上最强大的政治优势。新中国包括它直接进入社会主义的经济形态，以及其后的一次次经济变革，哪一次不是靠政治力量在强力推动呢？它当然同样拥有让我们几千年的民族文化“免于沉沦”的能力。有学人认为我们的民族文化早就被以往一次次的历史性灾难割裂了，这个看法显然都是毫无道理的。但我们当下却确实面临着“两个传统”失传失统的危险。中国的传统文化与优秀的民族美德，在当代国民中还有多少传承？老一代中国共产党人用生命与鲜血铸就的光荣革命传统，在党内还有多少“光大”？我们现在全民族的“核心文化”到底在何处？“社会主义核心价值观”的提出不仅符合世界潮流，也是使我们优秀的民族文化得以传承而不发生历史断裂的根本保证。富和强永远都不是一个民族的标志，哪个国家不可以富，不可以强？但能代表中国“这一个”本来面目，具有自己民族特色的，唯有中华民族的文化，能代表中国人形象的只有中国独具的道德人格。什么是人格？人格就是原始戏剧中不同角色的本来面目。

综上所述，我们是不是可以这样认为，社会主义核心价值观应内含如下的成分：中华民族传统文化中的优秀传统美德；中国人民近现代反帝反侵略反封建的爱国主义、斗争精神与中国共产党领导下形成的几十年光荣革命传统；中国化了的马克思主义有中国特色社会主义的共同理想；与“中国梦”远大目标相适应的时代精神。由这些内涵构成的社会主义核心价值观，用它来干什么呢？用习近平总书记的话来说就是“化人”“育人”，把它再具体化一下，无非是打造能体现中华民族特色，代表中国形象的国格、人格。在思想道德层面上，一个国家的民族精神也只有在人的身上才能体现，所以我们依据社会主义核心价值观的基本要求，针对当代青少年的实际情况，策划了《中国人格读库》这样一套大型系列选题。

本套书承蒙全国少工委、中华文化促进会、团中央中国青年网三家共同主办推广，并积极提供书稿。难得高占祥老前辈热情出任该套书的编委主任，且高占祥同志不辞屈就加盟主创作者队伍。一些大学、中学教师与青年作者也积极加盟此套书的编写。该选题被国家新闻广电出版总局列为2014年全国社会主义核心价值观重点选题，在此一并鸣谢。

希望本套书的出版能为社会主义核心价值观的培育与弘扬，为促进青少年的道德人格养成起到积极的作用。欢迎广大读者与作家对不足之处批评教正，多提宝贵建议与指导意见。

谨以此代出版前言并序。

二〇一四年十月

于北京时代华文书局

引言

古人却向书中见，男儿要为天下奇。

——黄兴

黄兴是仅次于孙中山的革命领袖、中华民国开国元勋、中国国民党元老。他的一生都奉献给了推翻封建统治，为中国实现民主、独立、富强鞠躬尽瘁，作出了不朽的贡献，因此世人也将其与孙中山先生并称为“孙黄”。

黄兴出生于1874年，当时的中国经历了太平天国运动正处在一个短暂的恢复期，这时的中国先进知识分子渐渐引进西方思想，中国大量的留学生开始到国外学习先进的思想与技术，黄兴也是其中一员。在张之洞的安排下，他来到了日本，也正是在这里，一腔热血的他深刻体会到中国与日本的差距，毅然决然地投入到国家复兴事业当中。

来到日本不久黄兴就与孙中山先生相识，两个志同道合的人相见恨晚，共同在 1905 年成立了中国同盟会，自此之后孙黄一直为革命事业精诚合作。孙中山负责革命的宣传以及经费的筹集工作，也是同盟会的主持大局的领导人；黄兴则负责带领军队上战场，从辛亥革命初期的各次起义，到辛亥革命乃至二次革命再到护法运动，黄兴都是冲锋在战场的第一线，担任最重要的军事指挥，他的这一生都与中国的革命事业分不开。他的策动和领导武装能力更是为世人所公认的，比如，华兴会预谋在长沙发难之时，他自任了总指挥；武昌起义爆发之时，他被推为中华民国军政府战时总司令；南京临时政府组成之时，他义不容辞地成为了陆军总长；直到临时政府取消之时他还以南京留守的身份，处理政府取消后留下的种种问题。

黄兴的幕僚李书城，这样评价黄兴，他说："克强总是个最平实的人，做事有功不居，光明磊落，作战身先士卒，爱护袍泽，做人推诚务实，容忍谦恭，受谤不言诠，受害不怨尤，不道人之短，不说己之长。"为中国革命立下汗马功劳的黄兴是个淡泊名利的人，他坚持"名不必自我成，功不必自我立，其次亦功成而不居"。

历史的车轮滚滚向前，伟大的中华民族在连绵不断的曲折发展过程中，以磅礴之势，冲破了重重险阻，以崭新的面貌屹立于世界民族之林。这是一个历史奇迹，在这奇迹中体现了伟大的精神力量，是我们民族凝聚力和生命力之所在，伟大的革命人是我们中华民族的骄傲。在黄兴身上正体现着这样的人格精神和力量，是我们今天弘扬社会主义核心价值观需要继承和学习的。

目录

黄兴

一、一个爱国者的觉醒

黄兴（1874 年 10 月 25 日— 1916 年 10 月 31 日），原名轸，改名兴，字克强，一字廑午，号庆午、竞武。根据传统的历法，在他出生的这一天，正好是二十八星宿“轸星”值位，根据历书推算是个黄道吉日，“黄轸”这个名字就是这样来的。

黄兴的家乡湖南省善化县，在清朝属于长沙府，中华民国成立后并入长沙县。黄兴的家族可以追溯到北宋名士黄庭坚，明朝洪武初年，黄氏宗族的一支由黄国璋率领，从江西迁往湖南长沙，黄兴就是黄国璋第十九代孙。明万历以后，这个家族便渐渐繁盛兴旺起来，逐渐成为当地的大族。黄兴的父亲黄筱村在当地是小有名气的读书人，在家乡以教书为业，黄兴小时候就受到父亲的影响和教导。

黄兴出生于 19 世纪 70 年代，世界格局正发生翻天覆地的变化。这个时候，西方各国正处于上升发展阶段，资本主义制度在西方早已确立和发展起来。在欧洲，俄罗斯废除农奴制度，提高了社会的活力；德国统一后，迅速向外扩张，在短时间内打败了法国；在美洲，美国工业发展迅速，正向世界第一工业国家迈进；在亚洲，日本明治维新成功，正在现代化的路上飞速前进。而此时此刻的中国，还在封建社会的深渊中挣扎：清王朝日趋没落，危机四伏，整个王朝“天朝上国”的迷梦仍没有完全醒来。在整个国家的内部，皇帝和大臣们不知世界大势，封建思想根深蒂固。朝廷上下奢侈腐化成风，军队内部也早已腐朽不堪，毫无战斗力。民不聊生，贪污腐败的官员剥削农民、抢占土地，徇私舞弊，无恶不作。这时的清王朝可以说已经奄奄一息，西方列强早已把枪炮对准了中国。年少的黄兴，时常感叹“丈夫处蛮夷猾夏之秋，当有事于大者远者”。目睹政府的腐败，看到百姓在水深火热之中，他很早就立下了救国救民的理想。这个理想在他年少的心里扎了根，并且也是这个理想撑着他为革命事业奋斗了一生。

少年时代的黄兴就非常勤奋，肯吃苦耐劳。在他才五岁的时候，父亲就开始严格教育他，为他打下了中国传统文化的坚实基础。除读完《论语》《大学》《中庸》《孟子》，黄兴还读了一些诗词和浅近古文，勤习书法，为进一步学习打下了初步的基础。年幼的黄兴，既聪明又勤奋。在黄兴八岁那年，父亲带着他去拜见他的第一位老师萧举人，老师慧眼识珠，一眼识出黄兴有巨大的潜能，不禁惊叹道：“唯楚有才，此子将来必有大用。”跟随老师，黄兴正式开始了他的学习生活。萧举人也是非常器重黄兴的，认为他很有悟性，接受知识的能力很强，而且对学习总是精益求精、刻苦钻研，于是便给他安排了诸子百家、《孙子兵法》，以及《资治通鉴》等学习内容，黄兴也都是以优秀的成绩通过了老师的考核。有一次，老师在替人家写对联时写错了一个字，黄兴在一旁端详之后，发现了这处错误，大胆地给先生指出，并填上了下联。萧举人见小小的黄兴有如此的胆识和才华，便对黄兴说他的学业已经取得较好的成绩，才识与胆量也是过人，可以离开了，而黄兴却不这样看，他觉得自己只学到了老师的九牛一毛，并不愿意就此中止学习。

正在这时，家里发生了一件不幸的事，就是他的长兄去世了，长兄仅仅比黄兴大 11 岁。面对如此大的打击，黄兴的心痛不言而喻。此时家中还有四个姐姐和他，在重男轻女的封建社会里，黄兴无疑成了家中的独苗，全家上上下下更是把黄兴当成宝。在家里为哥哥处理完丧事之后，黄兴还是想要继续自己的学业，于是他又来到了周翰林的私塾继续学习，这一年他 11 岁。没想到的事，一年之后，母亲罗氏也因病去世。这对于黄兴无疑又是一次沉痛的打击，没有母亲的孩子像棵草，黄兴的心里总像是欠缺了一些什么，家里上上下下事务也没有人来操心和打理了，整个家庭没有了生气。于是第二年黄兴的父亲娶了易氏作为继氏，也便成了黄兴的继母，继母对黄兴也是非常疼爱的，家里的事务又开始恢复正常，黄兴也渐渐走出了失去母亲的痛苦，开始专心投入到学习中来。

在私塾里，他一直刻苦学习，研读了《春秋》和《楚辞》，兼习了八股文。除此之外，黄兴对中国传统思想的各个流派都有所涉猎，比如儒家、墨家、法家、道家等等，广泛地吸取其中的菁华，学习儒家以天下为己任的责任感；领会墨家爱国爱民、无私奉献的精神；接受法家赏罚分明的法治观念；体悟道家、无为而治的思想……这些传统思想给了黄兴极大的启发与动力，使他懂得了安身立命的道理，成为他以后参与和领导革命的精神动力。他也清楚地知道，光知道古书里先哲们的思想是不够的，在听课之余，他也总是向周翰林先生询问清军与列强作战的经过，并与先生讨论，发表自己对战争的一些看法。渐渐地，他开始认识到清朝统治阶级的腐败、军队的涣散无纪、军械武器的落后是导致清军失败的主要原因，从而他在心里立下志向，一定要通过求新知来救亡图存。虽然黄兴立下雄心壮志，学业也一直蒸蒸日上，但家中却连连发生变故。黄兴不得不从1888年起就失学在家，一方面帮助家里做些力所能及的劳动，另一方面利用空闲时间进行自学。但即使是在家中，黄兴也从没有放松对自己的要求，他曾订有《自勉规例》六条：

一、行动必须严守时刻；

二、说话必须说到做到；

三、读书须分主次，纵使事忙，主要者不得一日荒旷；

四、处理重要事物及文书必须亲自动手，不得请托他人；

五、对人必须真诚坦白，不得怨怒；

六、游戏可以助长思虑，不应饮酒吸烟。

在他的《自勉》中，看得出黄兴对自己的要求非常严格，简简单单的六句话，字字句句都斩钉截铁。他的目标首先让自己成为一个对国家民族有用的人，也正因为黄兴在平日里对自己严格要求，才锤炼出他自身优秀的品格、出色的能力，在日后的革命中赢得大家的信赖与支持。这种严格的要求可以说体现在方方面面。黄兴利用冬闲学习武艺，他认为练武习拳，不仅可以增强体力，而且可以转移重文轻武的社会风气。还真是功夫不负有心人，他终于练出一身过硬的真功夫，单手可以举起百斤的大石，这样的本领使他以豪杰闻名于乡里。

时光匆匆，1891 年秋，转眼黄兴已满 17 岁，以虚岁计算他已经 18 岁了，18 岁就是成年，到了结婚的年纪了。黄兴的父亲不知从哪里听说，同乡廖家的女儿廖淡如，不仅长得漂亮，而且贤淑多能，这就托人说媒求聘，想着尽快定下儿子的终身大事。很快廖家那边找人打听了一下黄兴的情况，便许诺了这门亲事。就这样，在这年秋天，黄兴与廖淡如举行了结婚典礼，两人情深意笃，相敬如宾，从此成为恩爱夫妻，过着美满的日子。但是黄兴的学习一直没有中断过，1892 年，黄兴参加了清廷科举考试，但是遗憾落榜了，自己也很受打击，不知道还要不要继续坚持下去。在父母的劝勉下，他还是决心先进一步提高自己，再去参加考试，相信努力不会白费。

一年后，19 岁的黄兴终于踏进了长沙城南书院的门。这所经历七百余年的书院培养了许许多多湖湘人才，文脉绵延流传，有着很好的学习风气。正是在这里，黄兴秉着“重践履，务实用，经邦济世”的学风，用心研究经世致用之学，他发扬了自己那勤学刻苦的风格，除了每天都去学院里上课之外，他一直没有放弃自学。无论诗文还是经学，不管书法还是习武，他都有了很大的进步。在诗文上，他不过分咬文嚼字，不计较章句文辞的修饰，也不将诗文的体式拘泥在唐宋之争上，而是敢于大胆创新，注意写出自己的真情实感，于是他写的诗文大都雄浑洒脱。对于诸子百家的思想学说，他一直保持自己包容并蓄、择善而从的态度，而不拘泥于一家。学业上的进步来自内心对国家责任感的驱动，可以说这份壮志一直在鼓舞他前进。

1895 年 4 月 17 日，清政府与日本签订了丧权辱国的《马关条约》。受到了日本的刺激，维新变法运动揭开序幕。这是黄兴入读城南书院的第二年，早在他来这里之前，救国之志已经在他的心里了，看到维新运动已经策动起来，他更加坚定了藏在自己内心深处的志向。1896 年，善化又要举行县试，但是黄兴的志向已经不在科举考试，完全没有心思追求功名利禄。但是，父母却殷切期望他一举成名。看到父亲也有病了，继母也已经年老，他不想让两位老人伤心，只好前去应试。临别的酒席上，黄兴做了这样一首诗《别母应试感怀》，诗中说：一第岂能酬

《马关条约》签订场景

我志，此行聊慰白头亲。真切地表达了他对父母双亲的孝顺，还有他对名利的淡泊之情。最终他没有辜负父母和众人的期望，在应试的一千多人中，他考了第 34 名，考中秀才。也是这一年的初冬，黄兴的长女出生了，为了表达自己振兴中华的爱国志愿，他给女儿取名为“振华”。就这样，一天天地，女儿在健康快乐地成长着，家里一切都是顺利和谐的，个人的生活十分幸福。但黄兴并没有在安逸中改变自己最初的理想，他知道腐败的政府是一天不推翻，人民百姓就一天没有的好日子过。

就这样又过了两年，黄兴以优异的成绩被保送到武昌两湖书院读书。金子放在哪里都是会发光的，黄兴的勤学善思，让他显得出类拔萃。在各科中，他对于地理和体操尤其重视。他“以为不通地理，无以知天下大势；不习体操，无以强身而有为”，于是他带领同学们开始练习军操，同学们不仅学会了步兵动作，而且骑马和实弹射击也都有了些基础。在两湖书院里，有着丰富的藏书，而且还有各种传播新知的报纸，这些都对黄兴产生了极大的吸引力，他在学好功课之余，便如饥似渴地阅读这些报纸，而且还自己攒钱从书店里购买各种介绍新知识的书籍，拿回来仔细研读，扩大了自己的知识面。他不仅仅意识到中国专制政体存在种种弊端，而且对世界的发展大势有了初步的认识，同时他还受到了西方近代思想的熏陶，不仅看到了西方在器物方面的优势，更感受到西方政治制度的优越之处，这都使他更加坚定自己的理想。他知道中国欲想救亡图存，必先通过革命手段，推翻君主专制统治。同样在这一年，为了救亡图存，以康有为、梁启超为首的维新派，依靠光绪皇帝领导了戊戌变法运动，企图使中国走上变法图强道路。这一次的变法运动造成黄兴极大的思想震动，使他开始大胆冲破传统思想的樊笼，用全新的角度救国问题。似乎在他心里一直埋藏着的救国图存的种子，开始有了雨露的滋润，开始接受阳光的沐浴，开始有了更多的养分。

1899 年暑假前，两湖书院举行了大考，黄兴成绩名列前茅，这时的他以自己出众的才能被湖广总督张之洞相中。这时的张之洞求贤若渴，他见黄兴如此才华出众，便亲自接见了黄兴，在与黄兴的交谈过程中，张之洞很是赞赏黄兴的才能。但是黄兴心里明白，求学是使自己成为有用之才，而不是为清朝统治甘做犬马。1900 年，是黄兴思想转变的关键一年，可以说他的思想发生了质的变化。在此之前，他还是一个旧式的反抗者，所谓旧式反抗者，就是单纯反对清政府的统治。但是，当黄兴大量接触了传播新思想的作品以后，他的思想发生了重大的变化，并且他对维新派依靠光绪皇帝的做法非常不看好。就在这个时候，湖南唐才常企图发动起义，但是最终却遭到了清政府的镇压。虽然唐才常最终以失败告终，但却吸引了越来越多的有志之士走上革命的道路，逐渐形成一支浩大的革命救亡队伍，在这支队伍中，黄兴是其中最突出的一个，虽然在实际行动上尚未参加革命活动，但他已经意识到了清政府的不可救药，只

甲午战争中的日军

有进行革命才能挽救中国。

1902 年春夏之交，黄兴迎来了又一次人生的转折点。张之洞将要选派 31 名学生去日本留学，因为黄兴的才识早被张之洞所赏识，因此在这 31 人当中，黄兴是必去无疑的。就这样，黄兴来到了日本，成为日本弘文学院的一个学生。来到了异国他乡的黄兴，目睹了当时中国与日本的差距，因此更加坚定了自己的信念，全身心投入到学习当中，努力用新知识、新思想来武装自己。在学习过程中，黄兴发现日本的尚武精神与西方近代军事技能相结合，发挥了巨大的力量，因此，他也努力学习军事，利用空闲时间参观日本士官联队的各种兵操。每天天还没亮，他就到武术会去练习枪弹骑射，参加射击训练和比赛。无论寒冬酷暑，他都坚持不懈地苦练，因此他的射击技术提高很快，几乎每射必中，十分精准。就这样渐渐地，黄兴成为了学校里令人刮目相看的活跃分子，虽然平日里看他沉默寡言，对人对事从不轻易发表意见，但他心中对理想却是十分坚定的，他一旦决定了自己该走的路以后，就会倍加努力，绝不轻言放弃。因为他清楚地认识到：自从鸦片战争以来，西方列强便把矛头指向中国，中国民族危机日益严重，眼看面临亡国的危险，而造成这一后果的主要原因就是清政府太腐败。说它软弱无能，它却对内嚣张跋扈，十分凶残，杀人如麻；说它武力强大，可对外却每每委曲求全，每战必败，每败必割地赔款，最终甘心做西方列强的傀儡，任人宰割，甚至慈禧太后还说出“量中华

张之洞

之物力，结与国之欢心”这样谄媚和无耻的话来。因此，黄兴认为这个政府已经无药可救，改良根本不是救国之路，要与外国列强抗衡，要想使自己的国家强大，必须要推翻清朝的封建统治，因此他坚定地站在革命派一边。

在日本学习的这段日子里，黄兴还参加了拒俄运动。因为当时的俄国对我国的侵略也是极其残暴，不仅在八国联军侵华的时候侵占了我国东三省，还与清政府签订了《交收东三省条约》，这种丧权辱国的条约激起了中国留日学生的极大震惊，认为这是列强们瓜分中国的开始。于是，留学生中的激进分子为了抗议清政府的软弱与妥协组成了军国民教育会，黄兴为领导人。军国民教育会成立后，他们即刻以鼓吹、起义、暗杀三种方式开展革命活动。他们以“养成尚武精神，实行民族主义”为宗旨，鼓励与发扬尚武精神，反对一味退让妥协，渴望用武力对抗清政府。与此同时他们还主张普及军事和体育教育，培养社会尚武好勇的风气，振兴民族萎靡之气，让中华民族自信、自强、自立，适应竞争，呼吁中国人团结一心，共抗外敌。军国民教育会在黄兴的领导下，取得了一定的成效，人数也逐渐增加，最后会员二百余人，而这些人后来绝大多数加入了同盟会，因此军国民教育会为同盟会的成立奠定了一定的基础。军国民教育会的成立还标志着留日学生运动由爱国转向革命，对黄兴个人来说，由此也揭开了一生革命事业的序幕。

黄兴在日本的学习取得了一定的收获之后，他的救亡图强、振兴中华的愿望更加强烈，他已经不愿再待在日本了，他要亲自投入到国内推翻清政府的革命运动中。在 1903 年 5 月 31 日，黄兴与李书城、万声扬、金华祝、李步青等一起离开了东京回到祖国，由此开始了他真正的革命事业。

時局圖
不言而喻
一目了然
西伯利亞
SIBERIA
俄國
日本國
太平洋
THE PHILIPPINE ISLANDS

时局图

二、一个革命者的诞生

就在回国的航船上，站在甲板上，黄兴久久伫立。那祖国的大地渐渐清晰，但他清楚，祖国正在黑暗中，祖国的人民正在黑暗中，黑暗的现实使他更加坚定自己救国救民的志向，那汹涌的波涛沉重地打在他的心上，他也非常地清楚，未来的路很长很艰险……

革命从自己开始，黄兴剪去了头上的辫子，并给自己取了个新的字——克强，也取了个新名字——兴。黄兴改名，与他决心革命、振兴中华有着密不可分的关系，从此表明自己与清政府彻底决裂。他曾说："我的名号，就是我革命终极的目的。这个终极的目的，是兴我中华，兴我民族，克服强暴。"他还说："我们绝不能长令上国衣冠，沦于夷狄，任人随便屠宰。我们要矢志复兴我民族的中华国家……复我中华民族的自由、平等、幸福，涤除奴隶牛马的耻辱。我要誓死实现我革命终极的目的，以达到我名副其实的革命事业。"黄兴的改名，是他献身革命的新起点。

黄兴从日本回国后首先来到了上海，因为要革命，在国内必须要有组织基础和革命力量，于是他开始筹建华兴会的具体工作。也正是在这个时候，他与昔日赏识他的张之洞彻底决裂，同时与另一位革命者宋教仁成为至交，两人也是志同道合，相见恨晚，共同策划组织华兴会的相关事宜，从此宋教仁便成为了黄兴革命的得力搭档。宋教仁也是湖南人，与黄兴结识的这一年，他才 21 岁，肄业于桃源漳江书院。宋教仁广泛阅读了传播新知的著作和清末维新人物的文章，怀有强烈的爱国革命思想，渴望通过革命推翻新政府。两人配合相当默契，对后来革命运动产生了巨大的推动作用。两人相识之后，便开始进行革命的前期准备工作，宣传革命思想。黄兴还在两湖书院发表演说，痛斥清政府的腐败无能，令在场师生大为震惊。但是光宣传革命是远远不够的，要成立一个强有力的革命组织才是重中之重。于是黄兴又回到家乡长沙，希望召集到仁人志士共谋革命。他先在明德学堂任教，主持新成立的速成师范班，同时他邀约湖北革命志士吴禄贞、李书城等来明德聚会，商议在湖南筹划革命。大家一致认为建立革命组织是当务之急。黄兴认识到，青年学生是革命的一支生力军，于是他便抓住一切机会，潜移默化地宣传民主思想和爱国精神，启蒙青年学生们的心智。在教学的同时，他还和社会各界同情革命的人士建立了广泛的联系，就这样，越来越多的人转向推翻清政府的革命事业，华兴会成

黄兴与华兴会会员

立的时机逐渐成熟。

1903 年 11 月 4 日，黄兴与宋教仁、刘揆一、陈天华、章士钊、周震鳞、彭渊洵等人，以黄兴庆祝生日为名，备好两桌酒席，边吃边召开秘密会议，在这次秘密会议上正式成立了华兴会，黄兴为会长。华兴会成立以后优势是非常明显的，首先它的组织基础很广泛，不仅有青年学生，还有社会各界的仁人志士；其次，华兴会的领导群体坚实有力，很多都是曾经留学日本的留学生，或者饱读西方著作的知名人士，实力比较雄厚。最重要的是，华兴会的指导思想比较明确，就是要用革命的方式推翻腐朽的清政府。华兴会存在的时间并不长，但影响却十分深远，它是中国内地建立的第一个地域性的资产阶级革命团体，为革命之先声，此后其他革命团体如雨后春笋纷纷成立，因此华兴会为全国统一的资产阶级革命政党的建立奠定了一定的基础。华兴会成立以后，黄兴总结戊戌变法失败的原因认为：中国的问题离开武装就不能解决，只有通过武装斗争推翻清朝的反动统治，才能真正解决问题。因此，黄兴就把主要精力投入到武装推翻清朝统治的斗争中，积极筹划武装起义。

华兴会开始筹划长沙起义，并计划以此为全国革命起点。华兴会的联络网，以明德学堂为支点，散布在全国许多地方，他们秘密地制造弹药、购买武器、筹集经费，联络会党和新军，准备在慈禧七十大寿的时候发动起义。但就在起义的时机马上就要来临之际，竟然发生了意料之外的事情：一个华兴会的会员无意间走漏了消息，引来军警搜查了东文讲习所，华兴会的一些秘密机关被发现，储藏的武器也被查抄，长沙起义就这样被扼杀了。但是，虽然长沙起义失败了，但它“开内地革命之先声”，使长沙成为辛亥革命的重要策源地之一。经过这次失败，黄兴壮志丝毫未改，他总结经验，提出对策，决心继续策划新的起义。很快，他邀集当时在上海的革命青年，在英租界里开会，商讨在长江中下游起义大计。但是，新的革命计划还没有完成，与华兴会原不相关的万福华刺王之春案发生了，黄兴也被牵连入狱，可谓祸不单行。在华兴会同志的帮助下，黄兴终于辗转出狱，但是这下他的身份暴露了，他已经不能继续留在国内。于是 1904 年 11 月，黄兴不得不再次从上海去日本东京。

这一次去日本可谓“澒洞鲸波起东海”。1906 年，同盟会在日本成立了。由孙中山担任领导。在此之前，孙中山是兴中会的领导人，兴中会是当时中国的革命团体中势力最为雄厚的一个，1894 年成立于美国檀香山。为了开拓革命的资源，孙中山奔走于世界各国，宣传革命思想。但是，兴中会的发展过程也非常坎坷，孙中山个人也屡屡遭到清政府的放逐、诱捕甚至暗杀。1900 年，孙中山领导的惠州起义失败后，孙中山结束了他革命事业的第一阶段，来到日本横滨。他一到达横滨，留日学生纷纷从东京前去横滨拜访，使孙中山深受鼓舞。同年 7 月，孙中山来到东京，与老友宫崎寅藏见面，并且向他了解了东京留学生中的革命动态。黄兴到达日本后，也拜访了宫崎寅藏，之后也经常去拜访。宫崎对黄兴的人品和才识十分钦佩，亲自带孙中山去会见黄兴。这次见面，对中国革命来说是一次历史性的会晤。事态发展迅速，孙黄两人见面后更是彼此赏识，志向相投，并决定集合革命力量共同举行一次会议，日期是 1905 年 7 月 28 日，地点在科学补习所成员创办的《二十世纪之支那》编辑部。这样一来，结成全国性的革命大团体已是大势所趋。1905 年 8 月 4 日下午 2 时，中国同盟会在东京召开正式成立大会，由兴中会、华兴会、光复会、救国会等共同组成，孙中山被推为总理，黄兴为执行部庶务。随着同盟会的成立，《中国同盟会章程》由黄兴为首起草，并由黄兴主持通过。虽然黄兴在声望等方面并不逊于孙中山，也很有机会出任同盟会总理一职，但他却主动提议由孙中山出任，这正体现了黄兴的高风亮节。他淡泊名利，一心为中华民族事业着想，不追求个人名望，而且在黄兴的革命生涯中，他把这种高风亮节贯穿始终。从此开始孙中山、黄兴两人通力合作，可谓“同为吾党泰斗”，不断为中国革命胜利而奋斗。

同盟会成立以后，在革命的宣传工作这方面做得非常出色。如《民报》，是资产阶级革命派为推翻腐朽的封建制度，向保皇派发动猛烈攻击的主要阵地。《民报》创刊之后，革命派同改良派的辩论，进入全面决战的阶段，一场思想解放运动也由此而来，这在一定程度上为资产阶级革命扫除了思想上的障碍，扩大了革命的阵营。辩论的主题，就是革命与改良，为此《民报》

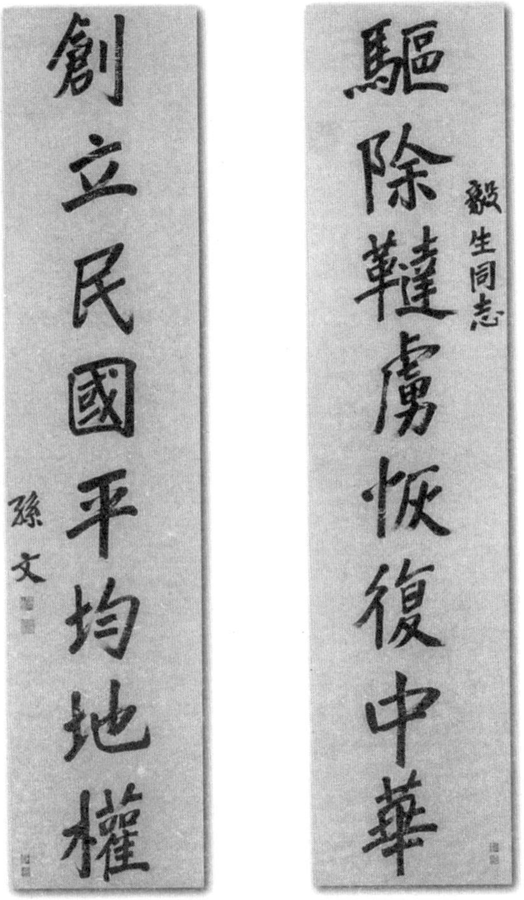

孙中山题写的同盟会十六字纲领

开始全力与《新民丛报》展开论战，这场论战围绕的中心问题是：是否应当用暴力手段推翻清政府，建立一个民主共和的国家。而主要问题有以下四个：

第一，要不要进行民族革命，推翻清朝统治；

第二，要不要进行民权革命，建立共和政体；

第三，要不要实行土地国有，平均地权；

第四，革命会不会引起帝国主义干涉，使中国招致瓜分。

经过一年多的笔战，革命派的理论明显占了上风，拥护革命的人与日俱增，越来越多的人认识到唯独革命才是救国之路，而保皇派已经完全招架不住革命派猛烈的攻击，最终主动求和。在这场关系中国前途命运的大论战中，革命派在黄兴的主持下取得决定性的胜利。

转眼，同盟会成立已经有一年多了，在这一年里，同盟会内部基本上是平稳定和谐的。虽然不可避免地会有分歧，但同盟会会员也都在竭力保持团结、凝聚力量。第一次内部矛盾公开化，是孙中山与黄兴因国旗式样而引发的争执，两者各说其是，都有理有据。孙中山主张用青天白日旗作为国旗，这面旗是他的战友陆皓东设计的，曾经是兴中会的会旗，他想用青天白日旗，纪念曾经在兴中会与他一同作战牺牲的战士。但是在其他人看来，孙中山此举有抬高自己的嫌疑。黄兴则主张采用“井”字旗，取意“井田”，象征着“平均地权”。两人各持己见，互不相让。但是冷静下来的黄兴想起了太平天国运动失败的教训，太平天国就是内部不合互相残杀最终导致失败的。于是他为了革命队伍的团结，为了顾全大局，主动作出让步，接受了孙中山的意见。就像他自己说的那样，“名不必自我成，功不必自我立”。他说到了，他也这样做了。但是这次事件却导致同盟会中很多人开始公开表示对孙中山的反对意见，而且这种矛盾在同盟会日后的发展历程中从未消除。渐渐地，矛盾愈演愈烈，同盟会的组织变得相当松散。与此同时，国内的环境也更加险恶，独自在东京的宋教仁难以发挥更大作用，孙中山和黄兴又都在南方地区发动起义，完全无暇处理会党的工作。面对如此局势，同盟会在南洋支部的负责人李曼和对孙中山“领导不力”表示十分不满，于是他跟陶成章联手提出“倒孙”口号，要求孙中山若没有能力组织管理好同盟会，就请让位有才之士，以免同盟会走向分裂。这时的事情已经很严重了，黄兴暂时放下起义事宜，开始积极写信给同盟会所有主要领导人，消除大家对孙中山的误解，并在信中承诺，孙中山会以大局为重。同盟会紧急召开会议，对之前所犯的错误进行了总结与改正。就这样，在黄兴的努力下，这次“倒孙风潮”渐渐平息。在这次事件中黄兴尽自己所能维护革命大局，起到一个调和、团结的作用，如果他只为个人利益着想，那么可想而知，同盟会一定会出现更大的分裂。与其他革命党人相比，黄兴除了有着非常突出的军事领导能力、英勇善战以外，他还是同盟会中重要的桥梁人物，为同盟会长远的发展作出了自己的贡献。

早年孙中山

在同盟会成立之初，策划武装起义即被提上主要日程。两位领导人都把主要精力放在了武装起义上，因为对于当时中国的情况而言，如果离开武装，革命无从谈起。在策动和领导武装起义时，黄兴制定了一个发动武装起义的总体行动计划：第一，他主张派刘道一与蔡绍南、彭邦栋、章振、成邦杰等人回湖南，主要负责在军队与会党中发展革命力量，并在湖南策划起义；第二，是在江浙方面，依靠秋瑾与浙江光复会的成员陶成章、徐锡熙、王金发联合行动，联络各地会党，共同策划革命；第三，黄兴派宋教仁等赴关东进行联络，因为在东北的马侠势力可观，是一支可以利用的革命力量，黄兴对在东北发展革命势力抱有很大的期望；第四，黄兴提出一省发难、各省纷起响应的革命策略，动员在东京的各省同志各回家乡，各自组织力量创建同盟分会，积极联络会党，运动新军；第五，黄兴让刘揆一去上海，联系湖南、湖北、江苏、浙江等省的革命同志，协调行动。以上的五点计划是黄兴根据当时国内的形势和他自己的认识制定的，可以说比较完善而符合实际的这一份总规划对全国武装起义、对后来革命在全国的胜利，都产生了深远的影响。

总规划出炉，由此而来的便是一次次抛头颅洒热血的武装革命。

萍浏醴起义是黄兴武装革命总体规划的重要组成部分。这场革命的爆发，首先是因为之前在湖南有相当多的革命宣传，接受了新思想的洗礼，革命的爆发有了一定的思想基础。其次，

1906年长江中游一带受灾，湘赣交界的萍乡、浏阳、醴陵一带的灾情尤其严重，百姓苦不堪言、流离失所、怨声载道。这时的清政府面对突如其来的革命惊恐万状，调动大批军队极力镇压，革命党人的起义计划很快被官府探悉，革命党人在慧历寺的机关又被查抄，革命党人刘道一遇害，最终轰轰烈烈的起义悲壮地失败了。这次革命的失败，革命党人事后反省，是因为在起义打响之后各处皆没有做好响应准备，长沙城里受革命影响的新军军官，有的出差，有的请假不在职，这样一种散漫的组织，很难取得起义胜利。与此同时，黄兴还在为发动华南起义四处奔波。1907年1月5日他动身去香港，但是，广东当局已接到严令缉拿黄兴等人的通缉令，于是黄兴没有出路，四处躲避根本不是办法，只得于2月15日再赴东京。后来他听说萍浏醴起义失败，刘道一不幸遇害，更是伤心欲绝，便挥毫写下一首悼念刘道一的诗，以寄托心底的哀思。诗意沉重，倾注了他对亡友刘道一的深深思念之情：

英雄无命哭刘郎，惨淡中原侠骨香。
我未吞胡恢汉业．君先悬首看吴荒。
啾啾赤子天何意，猎猎黄旗日有光。
眼底人才思国士，万方多难立苍茫。

起义多次失败，清政府对革命党不断进行残酷的镇压，但是，面对这样的局势，黄兴丝毫没有退缩，而是更加坚定地推行武装推翻清王朝的正确方针。

黄兴本人虽滞留日本，但他却清楚地判断出长江各省起义相继失败，不少忠于革命的战士惨遭杀害，革命力量元气大损，要想在长江附近各省内再有大的举动是比较困难的一件事，于是他决定将重点放在两广地区。此时的两广，也是革命浪潮迭起。1906 年，广东钦州（现隶属于广西壮族自治区）、廉州的地方官借办学校之名，加大对当地人民的剥削，除了原有的名目繁多的苛捐杂税外，还无故征收糖捐，这样一来便激起了人民群众的激烈反抗，钦州、廉州两地动荡不安。黄兴认为，正好可以利用地方上的骚乱，把武装起来的农民组成一支革命军队，在钦州发动起义。他与孙中山商量之后，便按计划发动了起义。但是农民毕竟不是正规军的对手，最终历时半月的钦廉、防城起义失败了，但这次起义却在国内外产生了很大的影响。

防城起义失败后，黄兴推翻清政府的决心并没有动摇。他来到越南的河内，会合孙中山之后准备共同领导镇南关起义。镇南关是中越边境的重要关隘，地势崎岖险要，有人把它比喻为旅顺口第二。孙中山和黄兴一致认为，如果能攻占镇南关及其三座炮台，就可以以此为基地，壮大革命的力量。之前经过了一次次的失败，这次他们准备更为充分，两个人都是竭尽全力打这一仗，黄兴甚至还亲自在炮台上射击，孙中山也生平第一次亲自上战场，发炮轰击清军阵地，还为那些伤员包扎伤口，就这样，在大家的共同努力下，革命军占领了镇南关炮台。但是很快，广西当局的军队包围了他们，被革命军占领的镇南关炮台的军火库中并没有多少枪支，弹药也所剩无几，目前的武器装备已经无法坚持作战了，镇南关起义同样以失败告终。

镇南关起义失败以后，印度支那法国殖民当局应清政府要求，驱逐孙中山出境。但是，对于起义的继续进行，孙中山与黄兴丝毫没有怠慢，孙中山在离开河内前和黄兴等人商议，最终决定在滇粤边境发动起义。因为滇粤边境接济比较方便，一旦失败，也利于军队的撤退，而且那里又是清朝统治力量比较薄弱的地区，这样一来，在靠近边境地区起义的计划不能改变，但是因为种种原因孙中山已无法在越南立足，只好将粤、桂、滇三省军事委托黄兴、胡汉民代理，他自己则由河内经西贡远赴新加坡，为革命的顺利进行筹集款项。

这一次是由黄兴一个人带领起义了，经历了过去几次的失败，黄兴的革命热情不减，他努力总结每次起义失败的原因，适时地调整方案以应对即将来临的战役，他愈挫愈勇。又经过一番筹备，1908 年 3 月 27 日，黄兴率领黎仲实等同盟会员及越南华侨二百余人，组成中华国民军南军，绕道越南，高举青天白日旗，吹着号角，雄赳赳、气昂昂地来到了钦州地区。路过的地区的人民百姓都十分支持革命军，纷纷拥护黄兴，路过东兴附近的大路村时，村里到处张贴着“中华国民军南军总司令黄”的告示，乡民纷纷燃放爆竹欢迎革命军队的到来。战斗很快就打响，在这一次的交战中黄兴发挥了自己组织才能。交战不一会儿，黄兴便命令起义军假装败退，引清军下山来追击，这时，黄兴立刻把队伍一分为三，每支队伍分头前进，第一路退到对面的山上，第二路藏在庄稼地里，第三路绕到清军占据的土山背后发起偷袭。而这时的清军还毫不知情，只顾同正面的第一、二路起义军作战，突然听见背后枪声四起，惊慌万分，争相溃逃，整个军队瞬间阵脚大乱，死伤者过百。中华国民军首战大获全胜，战士们士气大作，乘胜而上，在后来的几次战役中更加英勇奋战，自首战全胜以后，四战四捷，起义军的队伍扩大到六百余人，缴获快枪四百余支，还有许多弹药，而起义军伤亡人数仅有四人，起义军更得到了广大群众和会党的支持。中华国民军连战皆捷，清军闻风丧胆，不知所措，于是革命军继续转战于广东的钦州、廉州和广西的上思一带，与清军相持四十多天，最后因为弹药将要用完，这才撤离。

此后经过种种险阻，黄兴终于回到河内，此时云南河口起义已经爆发，迫切需要一位富有经验的革命领导人指挥，黄兴无疑就是最佳人选，他临危受命，立即率领革命军一百多人，会同河口一带的会党，分三路向河口发起进攻，很快就将河口拿下来了。但是革命军没有抓紧时间乘胜追击，给敌人以重新集结的机会。清政府调集黔军、川军、桂军会同滇军三路反扑，革命军不得不节节撤退，最后河口陷落。

随着河口起义的失败，同盟会在滇粤边境地区发动的起义，暂告一段落。经过了一系列失败之后，黄兴清楚地认识到：要想起义胜利，必须有一支他亲自指挥的、武器装备比较精良的队伍，只有这样他才能顺利执行武装起义的计划。而且，在当时那种情况下，必须发动广大的人民群众，如果单靠革命军作战，那就是简单的军事冒险行动，起义必将失败。若想要推到清王朝，必须要有一个全国规模的策划，仅仅通过地方起义，几乎不可能达成这样的目标，但是一定程度上，这些失败了的起义扩大了革命党的影响，革命党的革命精神与顽强意志，也鼓舞了人民的反抗意志。同时，从多次的起义失败中，革命者也为将来的成功积累了宝贵的经验。

经过了一系列边境起义失败之后，黄兴进行深刻反省与总结，在思想认识上有了很大提高，他的军事思想也发生了极大的转变。首先他认为起义地点不应在边境地区，而应转战大小城市，其次对于革命的主要力量黄兴也有了新的认识，他指出集结革命力量的主要方式不是联络会党，而应是发动新式军队。总结、反思、研究，经过了一段时间的准备，黄兴想再次揭竿而起。就在这个时候，在广州发动武装暴动成为一种现实的选择。同盟会为了顺应革命形势的发展，立即在香港建立了南方支部，主要负责指挥南方的革命战事，并且任命胡汉民为支部部长，汪精卫为书记，林直勉为会计，还在其下设军事、民事、宣传各组。1909 年 10 月，南方支部决定在第二年发动起义，并与黄兴、谭人凤、赵声一起商讨发动新的起义，制定好起义的策划之后，筹备工作紧锣密鼓地开展，终于广州新军起义打响了。这次战斗一直持续到了第二天晚上，清军在战斗中的反扑非常猛烈，领导革命军起义的倪映典牺牲了，革命军失去了领导人，陷入一片混乱，但战士们仍坚持奋战，毫不退缩，终因弹药供给不足，革命军不得不且战且退，直到最后，起义军终被清军打败。广州新军起义惨烈失败，但是有失必有得，革命党人在这次起义中证明本是清朝统治工具的新军，通过革命党人的工作，确实可成为革命的力量。因此，更坚定了革命党人运动新军举义的决心。

广州新军起义失败之后，原本在新军中的同盟会员相继流亡香港、南洋，生活困苦，度日如年。而这时，同盟会南方支部的经费也入不敷出，陷入窘困。没有经费的组织可谓举步维艰，快要支撑不下去了。为了破解眼前困局，同盟会必须再度发动起义，重画革命蓝图。黄兴给孙中山回复了一封信，在信中，他就发难地点、起义主要力量等问题，提出了一些宝贵的意见：一是起义的地点不能再继续选在边远地区了，革命军在这些地方吃了不少亏；二是起义的主要力量应该是新军；三是要特别注意联络其他省份的新军与会党，加强各地革命党的联系；四是各省应当选拔优秀的革命人才，召集他们去日本开会明确责任，然后再回内地负责革命运动；五是起义之前不聘请外国军事教官，防止起义走漏风声。这封信体现了黄兴在军事思想上的转变，得到了孙中山的认可与指正。之后同盟会在广东的会员们开会讨论历次起义失败的原因，得出了以下结论：革命力量分散，缺乏相互间的有效配合是起义失败的主要原因，因为力量分散导致指挥不力，之后的起义中必须加以改进。还有就是革命军在军事装备方面远远比不上清军，缺乏军械，甚至连军粮都时有不足。于是大家最终决定这次要破釜沉舟，集同盟会全部的人力、财力发动广州起义。孙中山称之“吾党第十次武装起义”的 1911 年广州黄花岗起义就这样走上历史舞台。

起义计划基本确定以后，内地的革命形势迅速走向高潮。但要组织如此大规模的武装起义，经费问题则是重中之重，否则起义将会重蹈覆辙。为此，同盟会想要利用海外华侨来筹集款项，在海外开展捐款事项，筹集足够的资金之后，购足军备军粮，然后再举行起义。这样，起义的胜利才会有最基本的物质保障。但是说起来易，做起来难，筹款绝不比在战场上作战来得容易，是需要耐心和毅力的艰难工作，面对海外华侨时必须动之以情、晓之以理，还要能够忍受各种冷言冷语，更要回击反对派的恶语攻击，这绝不是每个人都可以承担的工作。而黄兴负责起了这件苦差事，他和革命党人在世界很多地方奔走，最终筹集款项达 19 万港币，其中海外华侨发挥了主要力量。靠着这笔捐款，广州黄花岗起义的准备工作才得以顺利展开。

黄兴在各地奔波之后也终于回到了广州，立刻投身于起义的准备工作当中，除了在广州积极准备外，还派人到广西和长江流域各省广泛发动。在战略方面，他也做了详细的策划，首先革命军要一举攻占广州，然后分兵两路北上：一路进攻武汉，一路向南京进发，最后两路会师长江，继续北伐。在军队方面，他广泛发动军队，同时联络会党，作为后应。除此之外，黄兴还组建了一支工农群众参加的先锋队，由 800 人组成，也就是常说的敢死队。这些工农群众都是从各省募集而来的，由黄兴统一指挥。起义的具体准备工作，在紧张而热烈的气氛中进行着。

起义初定的时间是 1911 年 4 月 8 日，但是由于部分募款和武器还没有到位，只好将起义延期。但是就在这时黄兴又得到了一个意外的消息，新军二标将在 5 月初退伍，而原本黄兴对策反新军参加起义是下了很大力气的，黄兴也将新军视为这次起义的主要力量。如果 5 月初新军退伍，那起义必须得在 4 月底以前发动了，那么黄花岗起义刻不容缓。此时，领导者们火速赶到广州主持大局，黄兴也自告奋勇，于 4 月 23 日先抵达广州，做好了牺牲的准备，亲自指挥这场迫在眉睫的军事行动。然而，尽管革命军在起义前的所有行动都是秘密的，但是早在黄兴等人奔波筹集资金的时候，清政府就已经知道了这场起义的计划，上海一家中国报纸刊登了两广总督给清政府的电文，说他们对暴动已经采取了一切可能的预防手段。起义还没有开始，困难就已经摆在了眼前，但是，黄兴认为，尽管困难重重，但广州起义箭在弦上。如果延期，就等于是取消起义，募集了将近 19 万元的巨款，结果却无所作为，无法向海外侨胞解释的，面对这样的客观形势，他抱了必死的决心，要与敌人决一死战，用自己的生命争取胜利的希望。

但是，正如所料到的那样，起义在一开始就十分不顺利，4月27日午后4时许，一百二十余名敢死队员在黄兴的住所小东营五号前边集合在一起，黄兴早已下背水一战的决心，他进行了激情昂扬的动员，队员们被他的气势与信念所感染，大受鼓舞。于是大家每人拿一张大饼、一条白毛巾以及武器弹药，整装待发。随着号角声响起，著名的广州起义爆发了。黄兴亲自上战场与清军作战，战场到处鲜血淋漓，炮声四起。黄兴与战士们一同冲锋陷阵，却不幸被一颗子弹击中，右手食指和中指的第一节被打断了，鲜血横流。但是即使受伤他也没有停止作战，因为他怕影响战士们的士气，于是忍痛继续射击，鼓舞士气。他带领的新军和敢死队的战士们，坚守在自己的战场上，一直战斗到第二天早上。最后，这一场战斗还是以失败告终了，因为革命军在人数上与清军相差甚远，战斗进行得非常艰难，战士们有的壮烈牺牲，有的受伤被捕后英勇就义。起义失败后，广州革命同志收殓此役中牺牲的烈士遗骸72具，合葬于广州城郊红花岗，并将红花岗改为黄花岗。因此，后来人们称此次起义为黄花岗起义。实际上在这次起义中牺牲的共有100多人，但查到姓名的却只有86人。这次失败，同盟会付出的代价是惨痛的，因为同盟会为了这次起义，可谓集中了所有财力和物力，最大限度地动员了一切力量，而且参加这次起义的战士们也都表现出英勇的革命精神，堪称革命的中坚。起义失败的主要原因，一是频频更改起义日期，导致革命党人不能集中力量。二是面对的敌人还很强大。对于那七十二位黄花岗的烈士，黄兴一直无法释怀，中华民国成立后，黄兴为烈士们写了挽联：

七十二健儿，酣战春云湛碧血；

四百兆国子，愁看秋雨湿黄花。

起义又一次失败了，同盟会丧失了大批的优秀干部，领导力量也大为削弱。但是，那些死难的烈士为救国而不顾一切、英勇献身的精神，那些革命志士为推翻清王朝公而忘私、团结一致的爱国情操，那些海外华侨为支持国内革命运动热心奉献的爱国精神，都给了全国人民很大的鼓舞，并且给予清政府以极大的打击。因此，此次起义虽败犹胜，它有力地推动了全国革命形势的大发展，为武昌起义的胜利吹响了号角。诚如黄兴所言："鄂省八月之起义，由广州之原动力，而广州九月之光复，又我七十二烈士之死义激而成之也。七十二烈士虽死，其价值亦无量矣。"

黄花岗起义的失败，令黄兴十分痛心，他自己也在战斗中受了伤，不得不休养一段时间。但是在他养伤这段日子里，由于失败的刺激，黄兴还是无法从苦闷中解脱。他无法那么容易就原谅自己，自己精心筹划、倾全党之力发动的广州起义，竟然到如此失败的地步，他感到十分悲痛。因为这次同他一起并肩作战的同志们大都在起义中牺牲了，而自己却独自归来，他感到对不起死难者；海外的华侨们殷切希望起义可以成功，但是他却不能给大家一个满意的答案，他感到十分对不起热心捐款支持革命事业的海外同胞。正在此时，又传来他的挚友杨笃生在英国投海的消息，这对他又是沉痛的一击，黄兴悲叹道："人生至斯，生不得自由，并死亦不得自由，诚可哀矣。"黄兴处于他自己人生的大动荡大低谷中，而中华大地也是正处于山雨欲来的政治大动荡中。各地要求改革的呼声日益高涨，清政府迫于形势不得不采取一些改革措施。但是，清政府推行的新政，不但对人民没有丝毫好处，反而空前加重了百姓们的负担，为筹集新政经费而征收的苛捐杂税层出不穷。百姓不堪重负，食不果腹，走投无路，国内局势更加动荡，各地纷纷以各种形式展开反对清政府统治的斗争。这些遍及全国各地的自发反抗，为革命军开展进一步斗争提供了更广大的群众基础，同时也预示着全国革命形势的进一步高涨。

就在这种人民自发反抗情绪高涨的形势下，湖南、四川爆发了规模巨大的群众反抗风潮——保路运动。清政府强收路权、卖给西方列强的行为，激起了与这两条铁路利益攸关的湘、鄂、川、粤四省各阶层人民的强烈反对。资产阶级立宪派也早已看不惯清政府可耻的行为，早就想要有所为，正好趁此机会鼓动群众反抗清政府。于是各地掀起了声势浩大的群众性保路风潮。而清政府为了不使自己卖国行为直接暴露，一面假惺惺地颁布了“铁路国有”政策，将川汉、粤汉铁路修筑权收归国有，一面又暗地里和英、法、美、德四国银行团签订《粤汉川汉铁路借款合同》，还是将铁路修筑权出卖给这四国的银行团。因此，这一年的整个夏天，全国局势风潮汹涌，山雨欲来。社会各个阶层和各个民族，纷纷投身到有组织有计划的保路斗争之中：商店罢市、学校罢课、百姓抗税。这样一来，清政府明显地被孤立，而革命党人的斗志越发昂扬，革命党人詹大悲主编的《大江报》，连续发表《亡中国者和平也》、《大乱者救中国之妙药也》，猛烈抨击清政府的卖路政策，揭露清政府的卖国行为，宣扬保路、革命、救国。湖北、湖南共进会的领导人孙武与焦达峰在汉口秘密协商，想要乘保路风潮的高涨气势起义，推翻腐败无能的清朝政府。不久，文学社、共进会的领导人和新军各营代表共计六十多人召开联合大会，在会上通过了起义计划，还将政治筹备处定在汉口，主要负责制作旗帜和文告；军事指挥部设立在武汉，主要负责具体筹划起义事宜。与此同时，同盟会中部总会也正式成立，参加成立会的都是五湖四海的同盟会会员，来自湖南、浙江、四川、福建、江苏、安徽、云南等地。总会推举陈其美负责掌管庶务，宋教仁负责文事，谭人凤负责交通，潘祖彝负责财务管理。

这时的黄兴也从颓废伤心的状况中恢复过来，身体状况也有所好转。当他得知武汉新军准备起义时，十分高兴，没想到革命军能够在这么短的时间重新振作，蓄势待发。黄兴甚至还预测：只要武昌起义成功，将为光复中华立下头功。此时他已经无法按捺自己激动的心情了，于是写了一首七律诗：

怀锥不遇粤运终，
露布飞传蜀道通。
吴楚英豪戈指日，
江湖侠气剑如虹。
能争汉上为先著，
此复神州第一功。
愧我年年频败北，
马前趋拜敢称雄。

在诗中黄兴对历次起义的失败感到非常惭愧，但是只要革命再起，他仍旧愿意冲锋陷阵，为救国鞠躬尽瘁，在所不辞。再加上此时保路风潮还在继续，这时的形势真可谓是天时地利人和。在这样的新形势下黄兴斗志昂扬，动力十足，不久他就决定亲自到武汉坐镇指挥。他在起程前，给美国、加拿大、南洋各地的同志不断发电报、写信，催促他们“速筹大款，立予救援”。因为他知道起义必须有最基本的物质保障才能成功，经过了一次次的失败之后，黄兴认识到了强大的资金支持对起义的胜利有着至关重要的影响。安排完了筹集款项的事宜之后，黄兴给同盟会中部总会去信，表示了自己愿意北上同大家一起发动起义。

这次起义计划是以武昌为中心、以湘粤为后援，其他各省积极地响应，眼看起义就将顺利发动。但是，计划总是赶不上变化，就在革命党人都在筹备起义事宜时，意外再一次发生。总指挥部有人抽烟烟灰引燃了炸药，在不远处巡逻的俄国巡捕听到爆炸声，立即派人前来搜查，发现了指挥部里的旗帜、文告、印信、名册及自制钞票等，并立即将情况报告驻武汉的领事。事情就这样泄露了，革命党人在武昌、汉口的所有机关都被破坏了，30 多人被捕。幸运的是，失去了领导的革命士兵们却并没有慌乱，也没有坐等待毙，而是拿起刀枪战斗。

10 月 10 日晚上，武昌起义提前打响。此时的黄兴正在香港与海外各地联络，紧张地为起义筹款，他还不知道武昌起义的炮声已经宣告了一个新时代。形势发展十分迅速，第二天，湖北军政府宣告成立，推举原清军第 21 混成协统领黎元洪为都督，11 日清晨，起义军占领武昌全城，宋教仁发电报希望黄兴立即返回上海，共同商议进军方略。12 日，汉阳、汉口均已光复。10 月 17 日，黄兴从香港前往上海，从香港出发前，他还分别致函友人，盼望他们速筹巨款，尽力相助革命。

1911 年 10 月 28 日是武汉战局发展的转折点。因为在这一天里发生了三件大事，这三件大事都对革命的形势产生了极其重大的影响，第一，黄兴抵达汉口；第二，冯国璋下令清军反攻汉口，故意败退以助力袁世凯复职；第三，清政府在百般无奈之下任命袁世凯为钦差大臣、湖广总督。在这样的局势下，黄兴再一次临危受命，被任命为革命军总司令。他连夜赶往汉口，到达时已是29日凌晨。但是他不顾连日旅途劳累，亲自前往前线各阵地视察，指挥士兵做好攻防准备。在前线，他看见各部队防御阵线完整，战士们的士气也很高，感到十分欣慰；而对于革命军各部官兵来说，见黄兴亲临视察更是欣喜若狂，士气大增。黄兴到达汉口以后，立即投入到工作当中，仔细分析了解敌我情况，他认为革命军处在市区，背靠长江汉水，如果不尽快确定战略，那么危险将会越逼越近。于是黄兴立即下达作战命令。

10月31日，清军两万多人，大肆进攻汉口市中心区，革命军在市区的北面和西面与清军展开激烈的争夺战。革命军藏在空房里、墙边、屋角、屋顶，不断向敌人射击，使清军每前进一步，都要付出血的代价。这时汉口上空，“烟雾蔽天，咫尺莫辨。”十多里的繁华街市，变成遍地残垣瓦砾，人民百姓流离失所，无辜居民“伤者伤，死者死，凡老幼妇女之被枪毙焚烧者殆不可以数计，……一切财产房屋尽被焚毁”。清军这种残暴的行为，立刻激起了全国人民的愤懑与指责，进一步暴露了清政府的反动面目。在军事上清军虽然取得了一定的胜利，但在政治上则更加失败，清军种种行为残暴无耻，早已使人们失望透顶，反而使人们渴望推翻清政府的愿望更加强烈了，既然早已失去人心，那么清军在军事上的胜利又有多大的意义呢？

在革命军这一方，几次进攻十分不顺利，反复进攻，虽然夺回来了几处阵地，但都不能固守，就这样战事还在艰难地进行着，这时意外又发生了，真是天有不测风云。11 月 1 日黎明，武汉刮起强劲的西北风，使汉口的火燃烧得更加剧烈，让战斗更加艰难，革命军在玉带门、双洞门一带阻击敌军已经支撑不住，于是陆续向汉阳撤退。但是，这时的黄兴仍然率督战队督战，努力控制局面。第二天，情况更加糟糕，火势无法控制，汉口全市都烈焰熊熊，民军甚至连自保都很困难，更不用说作战御敌了，无奈之下民军不得不全部转移到汉阳设防，就这样汉口陷落，这场熊熊烈火足足燃烧了三天三夜，无数市民的生命和财产付之一炬，交战双方也都损失惨重，革命军队伤亡近 2000 人，全国上下对清军的谴责愈演愈烈。汉口的战斗虽然失败了，但是黄兴还是认真地总结了这次战斗失败的原因。在报告会议上他是这样说的：

一、兄弟前日来鄂，即往汉口督队，意欲反攻，恢复汉口。不料各队新兵最多，秩序不整，颇难指挥。

二、军官程度太低，均不上前指挥。至战时因与士兵穿一样服装，辨别不清，亦极复杂。

三、各队战斗日久，伤亡过多，官与兵均已疲劳太甚，毫无勇气，且一闻机关枪声，即往后退。

四、兵士中在武汉附近所招者甚多，一到夜间，即潜回其家，

清末新式军队

以致战斗员减少。各军官因仓卒招募，亦无从查实。

五、民军军火，全在步枪，无机关枪，一与敌接近，即较敌人损伤较重。民军炮队，又系山炮。子弹射出，又不开花，又射出距离太近，不及清军管退炮效力之远。

六、查满军俱系北洋久经训练之兵，秩序可观，亦善射击，唯冲锋时不及民军灵敏，故每闻民军冲锋喝杀声，即往后退。此民气之盛，可恃者仅此耳。

由此以观，汉口若无湘军来援，恐难保守。依兄弟之意，俟湘军到后，再图恢复可也。

因此可以看出，他认为导致起义失败的重要原因就是军队难以指挥。因为革命军队伍中，军官指挥作战的素质都不高，甚至根本不亲自上前指挥，除此之外军官与士兵的服饰是一样的，在战场上难以分辨，下达指令也不方便。从士兵来说，新兵占数量较多，纪律性太差，不听指挥。甚至出现临阵即走的士兵，家在武汉附近的士兵到夜里就跑回家，这样就导致军心涣散，战斗力不足。黄兴还认为，敌我双方的力量悬殊太大，清军是久经训练的北洋军，纪律性是非常强的，而且清军中大部分士兵是善射击的。革命军唯一长于清军的地方就是在冲锋时十分灵活。但革命军的致命缺点是没有机关枪，全都是步枪，近距离交战时损失比较重。革命军的炮队射程太近，没有清军的炮威力那么大。这样一来，革命军吃了不少亏。经过了这么多天的交战，军民都很疲惫，因此黄兴决定蓄精养锐，让士兵休养一段时间，等待湘军来援，再设法反攻汉口。黄兴的战后分析无疑是非常精准和到位的，大家也都一致赞同他的决定，并且决定由黄兴负责保卫汉阳。

决议之后，黄兴立即向已经宣布独立的各省发出求援的急电。不久，11 月 2 日，湖南的两协援军到达武昌，援军的到达真可谓是雪中送炭，黄兴得知家乡的部队来了，十分高兴，立刻开始计划下一步的军事行动。而与此同时，一个新的问题又摆在了眼前——谁来做湖北军政府的首脑？是与封建旧势力有千丝万缕联系的黎元洪，还是代表革命势力的黄兴？在当时的局势下，领导人问题不只是两个人选的问题，而且直接关系到以后的革命进程，也关系到整个革命军的行动如何开展；甚至在一定程度上决定了革命能不能彻底地进行下去，影响革命最终的结局。对于这个问题，军政府专门召开会议进行讨论，最终决定由黄兴取代黎元洪为湖北军政府的首脑，并由军政府都督委任黄兴为“战时民军总司令”。为了使黄兴对革命军的指挥权更具有权威性，湖北军政府召开代表大会，在武昌阅马场举行了“登坛拜将”的隆重仪式。正午时分，军乐齐奏，黎元洪与黄兴骑着高头大马并驾登场，这时全场发出震耳欲聋的欢呼声，鼓乐齐奏，礼炮轰鸣，声势甚为浩大，足以显示出黄兴接任总司令的隆重。稍后便由黎元洪代表“中华民国四万万同胞及全国军界同胞”，请黄兴上台，并亲手将聘状、印信、令箭授予黄兴，任命黄兴为战时民军总司令。从这一刻起黄兴将会全权负责汉阳军事，所有各省军队均听从其命令行事。然而，在黄兴心里是不在乎权位，无论在什么职位，只要能为祖国冲锋陷阵他都在所不辞。在仪式上他发表了就职演说：

此次革命，是光复汉族，建立共和政府。斯时清廷仍未觉悟，派兵来鄂与民军为敌，我辈宜先驱逐在汉口之清军，然后进攻，收复北京，以完成革命之志。今日既承黎都督与诸同志举兄弟为战时总司令，为国尽瘁，亦属义不容辞。但是军人打仗，第一要服从命令，第二要同心协力。自今而后，对于作战，稍有不服从命令及临阵怯敌者，即以军法从事。尚望大众努力前途为要。

在演说中，他强调若想要夺取革命的全面胜利，第一须努力，第二须服从，第三须协同。同时黄兴明确地指出了革命的最终目的是建立共和政府。他的一番言辞，多次赢得在场人士热烈的掌声，极大地鼓舞了士气。黄兴接任后，当天就赶赴汉阳组织总司令部，黄兴为总司令，下设参谋处、副官处、秘书处和侦探科、间谍科。同时也确定了司令部的各职位人选，李书城为参谋长，杨经章为副参谋长，王孝填为副官长，田桐为秘书长，王安澜主持总粮台。在黄兴上任后的十天里，前线相对是平静的，因为经过了汉口之战，双方军队都需要时间休整。同时全国的局势却发生了很大的变化，清政府为了挽救垂危的统治，把希望寄托于之前被罢黜的袁世凯身上，先是任命袁世凯为湖广总督，接着又任命袁世凯为钦差大臣，很快的清军就会向武汉方面扑来。正在这时，黄兴得知黎元洪与袁世凯还在频繁来信，他很担心黎元洪单独与袁世凯议和，便给袁世凯写了一封信。在信中，他大胆谴责清朝政府的种种恶行，指出了清政府的无耻行为，尤其说明了清军在汉口战役中的滔天罪行，除此之外黄兴还向袁世凯指出，根本问题就是要推翻清朝统治，建立共和民国。在信中，黄兴态度十分鲜明诚恳，他从大义、利害、个人三方面奉劝袁世凯可以加入到革命当中，与革命军共同推翻清王朝，做中国的拿破仑、华盛顿。黄兴态度鲜明、立场坚定、信心十足，坚持要实行民主共和，与袁世凯心想的君主立宪、维护清朝统治、瓦解革命的阴谋针锋相对。但毋庸置疑，这封信，也表明了他对袁世凯还是存有幻想的，他希望能争取袁世凯倾向革命。政治斗争就这样愈演愈烈，但是黄兴并没有把主要精力放在政治斡旋上，他始终最关注的是战斗，是能在战场上以武力保卫革命成果，因为这才是当下最急要的问题。

经过一段时间的休养，黄兴最终决定反攻汉口。在做这个决定之前他是经过了非常缜密的思考的。首先就全国形势来看，从 10 月 10 日武昌起义到 11 月 13 日山东宣布独立，这短短的 35 天里，全国 18 个省就有 14 个相继宣布独立，这种革命的形势也前所未有的。其次，湘军两协新军和南京陆军学生前来援助革命军，使得革命军的实力大大增强。最后，黄兴从各方面听到的消息都反映说清朝当局惊慌失措，军队涣散，士兵失去斗志，这无疑对革命军来说是一个好机会。综上种种考虑，黄兴认为攻打汉口的时机已经成熟。11 月 14 日，黄兴在总司令部召开参谋会议决定攻打汉口，部署了攻击计划，严令要求各部队必须在第二天做好一切进攻准备。此后，黄兴亲自赴龟山及各防区进行视察，查看各部队的准备情况。将总攻击定于 16 日晚开始，进攻部队以白布条斜挂背上作为标志，举火即为号令。

晚上 10 时，反攻汉口的战役正式打响。时正值冬季，整月的阴雨连绵道路泥泞，给军队的行进造成极大的困难，除此之外，寒气袭人，让人难以忍受，驻守在汉水沿岸的清军，纷纷躲在老百姓屋里生火取暖。当革命军逼近敌人防线时，清兵还在室内取暖，被打了一个措手不及，只好仓皇逃窜。黄兴这一次同样亲自上前线带领军队作战，两军火力越来越猛，敌我双方死伤惨重，但战士们却仍然英勇奋战，死战不退。最后，两军在玉带门对峙了一夜，直到 17 日凌晨 3 时左右，玉带门的清军开始撤退，革命军紧跟其后进行追击，终于占领玉带门一线。激烈的战斗仍在继续，可是革命军由于干粮准备不足，再加上天寒地冻，士兵已是饥寒交加，很难继续战斗下去。午后 2 时，火车运来了清军援兵，他们用机关枪和重炮猛攻革命军。战士们死的死伤的伤，战事不断恶化，黄兴见无力回天的战况，只好大声招呼各营队撤退。可此刻革命军已近涣散，人人都在惊慌奔走，黄兴的喊叫声被淹没在一片混乱中，谁也没有听到。就在这种时候清军又从后方乘虚而入，导致革命军伤亡更加惨重。黄兴即使是有三头六臂也已经无法转变战局，在这残破的战争废墟里，他不禁失声痛哭。

汉口之战最终失败了，失败的原因有很多，但是，黄兴认为手下的将领不能尽其所能是造成失败的主要原因，虽然说天公不作美，恶劣的天气给战事带来了很大的困难，但是毕竟事在人为，战场纪律难以严格执行是失利的主要原因。战场上竟然出现了这样的情况：主攻的一路败退回来，助攻的一路统领跑去结婚了，配合的一路统领则喝醉酒迷了路。这哪里像是打仗的样子，连自己的阵地都不能好好驻守，战斗必然失败。

清军攻克汉口之后，就已经决定把攻下汉阳下一个目标。而在黄兴则开始采取防守战略，决心死守汉阳。11 月初，清军的冯国璋在军事会议上指出："昔日之势，重在武昌，武昌以洪山为扼塞，洪山失则武昌不守、顺流以取汉阳汉口，如破竹耳。今日之战，则重在汉阳，汉阳之大别诸山，俯瞰武汉，如釜底一丸，下掷则全城瓦碎，不待攻而自破矣。为今之计，唯有先取汉阳，为攻心之上策。"由此可见，战火注定将会在汉阳燃烧起来。清军一方总兵力约有 30000 人，冯国璋对清军的前进路线已经做好了具体部署，然而，此时的革命军正在为反攻汉口做筹备工作，完全不知道敌人已经准备出手了。直到反攻汉口失利后，黄兴才开始加倍警戒，到 20 日，黄兴接到各方情报，这才断定

袁世凯

清军即将进攻汉阳了，于是召集各部领导人在司令部开会，讨论汉阳之战的策略。此次战役，黄兴感到压力很大，因为经历了汉口之战的惨败，从上到下仍然心有余悸。但是，他依然顽强指挥抗战，为了加强指挥，黄兴甚至把总司令部由昭忠祠移至靠近前线的十里铺。

战役迅速打响，双方展开了激烈的拼杀，战场上的杀戮永远都是血腥和残忍的。冯国璋见死伤人数太多，信心有些动摇了，要求清政府即刻增援。这时，本是革命军进军的好时机，但是内部也出了岔子：湘军步兵第一协统领王隆中忽然带着两名贴身士兵藏在十里铺民房内，不出兵作战。对此黄兴内心十分焦急，不能够理解革命军中为何时常出现这样不守规矩的士兵甚至将领，他只好前往亲自指挥，但湘军仍然不听他下达的号令。这样手下将领不听黄兴的指挥，擅自消失不见的事情已经不是一次两次了，甚至在过去的几次战役中，都因为这个原因造成了战场上的失败。在每次开会总结失败的原因时，黄兴都会着重强调这一点，但是似乎总有那么几个不愿遵守军纪的。这次依然发生了类似的事情，这不得不让人为之感到惋惜。但是战斗还在继续，战局不容乐观，革命军连日以来伤亡极重，眼看汉阳难保，于是黄兴立即请求黎元洪援助。大家得知汉阳失利，极为愤慨。张振武决心组织学生军助战，面对这样的一支同样没有经过训练的军队，黄兴再次重申军纪："如再有畏缩不前贪生避匿者，一经察觉，无论何人，即以军法从事"。

在接下来的战斗中，清军大肆进攻，前线革命军节节失利，又加上外省的援兵一时又无法赶到，可以说战局已发展到了生死关头。到了这个时候，黄兴并没有放弃，而是坚守在战场，同时他还将兵工厂机器，以及存储在汉阳的弹药、粮食和其他军用物资搬运到武昌，以防落入敌人之手。即使是到了最后的关头，黄兴依然亲自在前线驻守，防止意外再次发生。但是在武昌的同志们都认为如此防守下去并不是办法，黎元洪也是让他回武昌重新商讨作战计划，于是黄兴等人这才退出汉阳。这时的黄兴再也无法面对残破的汉阳城和那些死去的战士们了，他心中的愤懑与愧疚让他做出了一个不理智的选择：自杀。他冲到船边要投水自尽，幸而被副官等人合力抱住。

在保卫汉阳的九天战斗中，革命军官阵亡者达 137 人之多，负伤者有 85 人；革命军士兵 2693 人阵亡，400 多人受伤。一个个英雄就消失在烟火中了，一个个鲜活的生命转瞬即逝，这怎么能叫人不痛心。作为领导者，黄兴的责任也是十分重大的，他不知道自己要如何向那些战士们的家属交代，不知道该怎样去面对还活着的同志，此时他的心真的就如刀绞一般痛。但是，痛定思痛，悲痛也无法改变现实，黄兴冷静下来之后做了反省和总结，在总结战斗失败的原因时，他是这样说的："汉阳之役，非军队不多，非防御阵地不固，又非弹药粮秣不充足。其所以致败之原因：第一，系官长不用命；第二，军队无教育；第三，缺乏机关枪。有此三缺点，故每战失利。"作为指挥者，

1911年10月汉口上空战火弥漫

黄兴的指挥与领导也出现了一些偏差，这是无可否认的。首先，他对敌我力量的估计不太准确，高估了湘军战斗力，把清军估计低了。当时革命军所面对的敌人是中国武器配备最精良、战斗力最强的部队。有人提出不同意见时他也不愿采纳。其次，黄兴在实施防御策略上也有失误，他将主要力量集中在了正面防御，却忽略了侧面防卫，这样就致使敌人有机可乘。汉阳之战虽然失败了，但黄兴为这两次战役的付出却是不容抹杀的。从他接任汉口总指挥那天起，到汉阳失守的这一个多月里，他几乎是没日没夜地在战斗，全身心地投入这场的保卫战当中，他这种不辞劳苦的精神、毫无畏惧的气魄，是难能可贵的。在这个总指挥的岗位上，他也是任劳任怨，和士卒同甘共苦，这也是值得充分肯定的。

回首整个辛亥革命，汉口、汉阳之战，是代表革命力量的革命军与代表反革命力量的清军进行的主力决战，也是辛亥革命中最为惨烈的战斗，对后来的革命进程产生了非常大的影响。这次的汉口、汉阳之战虽然失败了，但是整个战役在一定程度上打击了清军的主力，削弱了清政府对全国的控制，这不仅为全国各省、各地的独立创造了良好的条件，同时也为各省、各地起义的胜利提供了前提条件，这在战略上无疑具有极为重要的意义。在革命军与清军力量悬殊的情况下，革命民军要想取胜难度极大，而黄兴在自己能做到的范围内，已经是全力在为革命战斗了，可以说他已经竭尽所能了。

一次次战场上的厮杀，一次次惨痛的失败，一次次生与死的离别，这些都没有让黄兴放弃，他始终坚信，胜利终会来临。在这场拯救中国的革命中，黄兴的不朽功勋永留史册。

三、另一个革命舞台

武昌起义的硝烟渐渐散去，在这场革命运动中，黄兴一直担任主要领导，他所承担的工作也一直是最辛苦、最危险的。从同盟会成立以来的多次起义到临危受命保卫武汉，黄兴似乎已经习惯于承担起一个又一个艰巨而又伟大的革命任务，但他从来都不畏惧苦难，不追求名利，毫无保留地去努力、去付出，只要有一线成功的希望，他都会无怨无悔、全身心地投入。然而，在这样一个龙蛇混杂、泥沙俱下的年代，黄兴到最后往往心有余而力不足，他不能要求参加革命的所有人都像自己一样公而忘私，百折不回，不计个人得失荣辱。在这个充满悲剧的年代，黄兴的精神熠熠生辉。

汉阳已经陷落，武昌也再次陷入了危机之中，就在岌岌可危的时刻，黎元洪的态度发生了转变，他认为是时候该接受和谈了，再打下去，也不会有更好的结果。黎元洪态度的转变也正是袁世凯所热切期盼的，当他在停战协议书上签字后，停战协议便开始生效，从此南北双方进入议和阶段。虽然在这个议和的过程中，黄兴没有直接参加，但他在一些原则性的问题上发挥了十分重要的作用。和谈初步的结果是这样：

优待清王室；

组织共和政体，推举袁世凯为大总统；

优待满汉两族的将士，免掉战时的责任；

召开临时的国会，恢复各省的秩序。

这样的谈和结果正是合了袁世凯的心意，他非常开心的，因为大总统的位置即将就要成为他的了，于是他便想尽一切办法说服清帝退位，渴望尽快得到自己大总统的位置。但是，和谈双方又经过反复讨论，认为袁世凯为大总统这一条是必须去掉的，因为这一条显得非常不符合共和精神。因此又重新修改了和谈的结果，这样修改之后令革命党人比较满意：

确定共和制政体；

优待清朝皇；

先推覆清政府者为大总统；

南北满汉出力将士，各享其应得之优待，并不负战时害敌之责任；

同时组织临时议会，恢复各省秩序。

辛亥革命后孙中山归国途中

南北议和的谈判结果就算是这样定下来了，当时参与议和的人很多，大都起到了十分重要的作用，当然黄兴也这次议和中付出了极大的努力。虽然革命党人与袁世凯议和，但这都只是暂时的，因为革命党人并没有放弃军事力量，革命党人还是有两手准备。湖北在经过了一场激烈的战斗之后，革命军手中掌握的士兵不过 3000 人，因此军政府进行了大规模的征兵运动，希望可以壮大军队，最后直到难以为继才停止招兵。有了这么多的士兵，不言而喻，那么粮饷就是一个很大的问题了，军队一天的粮饷开支就是一个庞大的数字，如何长久维持这样一支庞大的队伍，这是十分棘手的问题。然而，天无绝人之路，就在这种困难时刻，民众自发组织了国民自主会、女子后援会、女子协赞会等来募集粮饷，为军队的粮食问题打开了一条新的出路。看到民众如此支持革命党人，初到上海的黄兴也亲自参加了这类活动，他也用热情洋溢、鼓舞人心的演说来激励更多的人共襄义举，他的讲演受到了各界群众热烈的欢迎。革命军队正在迅速发展壮大，对于这样一支广得人心的军队，袁世凯不能不有所忌惮，如何应对这样一支军队，袁世凯必须有两手。

革命的军队正在渐渐发展壮大，武昌起义之后，全国各省也纷纷宣布独立，现在摆在革命党人面前的问题就是建立一个统一的中央政府，以便在军事、政治、外交、经济等方面进行统一领导，实现主权的独立。其实，当辛亥革命发生，各省纷纷宣布独立的时候，一个新政府的构想已经在革命党人的脑海中若隐若现了，只是因为当时黄兴全力投入指挥汉口、汉阳保卫战，一时还顾不上组织中央政府。那时候也有人曾经建议黄兴组建一个统一的中央政权，黄兴却是这样说的："全国军政统一机构是越早组织越好，但不必我来担任领导人。我现在还担任武汉方面的作战任务，不能离开武汉。看以后情形如何再说。"于是筹建中央政府的事，就这样暂时被搁置下来了。12 月 1 日，黄兴从武汉到达上海，一切军政大事又压到他一身上，组织中央临时政府的事情渐渐提上日程，但黄兴还是想要全心全意速定北伐，从而谋求全国的统一，对于领导中央临时政府事宜，他显得不太重视，总是一再地推辞。

12 月 2 日，南京光复之后成为部分代表们中意的中央政府所在地，于是宋教仁、陈其美在 12 月 4 日这一天，鼓动留在上海的代表，推举黄兴为大元帅负责组织临时政府事宜，选举黎元洪为副元帅，仍然驻武昌。但是，黄兴不想当这个大元帅，他毅然决然地拒绝了，因为他一直以来的精神就是"名不必自我成，功不必自我立，其次亦功成而不居"。但是在代表们的心里，他是再适合不过的人选了。因为大元帅的责任重大，紧紧关系到全国大局，况且现在全国还没有统一，战火的硝烟还没有完全散去，北方还处在清政府的统治之下，武装斗争仍然非常重要。因此要担任大元帅这个职位的人，必须经历过枪林弹雨，同时还要有特别坚忍之力，否则根本无法胜任的。那么黄兴就是再适合不过的人选了，在过去的革命战斗中，黄兴经常亲自带领士兵冲锋在第一线，指挥作战、组建军队、鼓舞士兵，他都十分擅长，除了黄兴还有谁能胜任这一职位呢？于是代表们也顾不得那么多了，在 12 月 5 日开了一次代表大会，无论代表们在会议上如何对黄兴进行诚恳的劝说，黄兴还是不改变自己的意志，只是说他自己的能力实在有限，建议先推举黎元洪为大元帅，再从各省的都督中推举一位副元帅。他还说，自己愿意领兵北伐，但是至于组织政府这件事，则不是自己所能胜任的，还推辞说这件事情就等孙中山归国之后再做决定。

在僵持不下之际，有一位代表站起来说了这样的一番话，最终还是打动了黄兴暂时担任这个职务，他是这样说的：我们开会开了两个小时，在这两个小时之内，西伯利亚铁道上装着军械的火车已经行驶了两百多里，而京汉铁路上的士兵也已经走了一百多里。时间比一切都珍贵。虽然孙中山在革命上的功绩无人能比，但毕竟他回来还要等一段时间。这段时间内如果没有临时政府，一切事情都将没有头绪。况且设立大元帅只是权宜之计，一旦局面彻底定下来的话，自然会重新选举大总统。

就这样很不情愿地，黄兴被推上了大元帅的位置。但是，推选黄兴为大元帅的决定是留沪代表和各界人士做出的，他们并没有和正在汉口开会的各省代表进行协商，也没有通知目前执行中央政府职权的湖北军政府。这就引起了在汉开会的代表和湖北方面的不满。正好被推举为大总统的黄兴个人也是十分不愿意加入到这场权力的纷争中来的，因此面对这样的不满，黄兴力辞这个职务，并推举黎元洪为大元帅。

黄兴这么做的目的，首先是想等待孙中山归来，其次，更重要的是不想在革命并没有取得成功的时候，就陷入一场自损元气的权力之争。因为历史上因为内部权力之争，导致失败的例子举不胜举，太平天国运动就是一个摆在眼前的例子，而在黄兴心里，革命最要紧的不是个人的权力，而是团结一致，实现革命的目标。而要团结一致，就必须要把革命的整体利益放在首要的位置，为个人得失而使革命利益受损的行为是行不通的。因此，无奈之下各省代表只好推举黄兴为副元帅。代表们开会决定：在临时大总统未选定之前，大元帅暂行其职权；若大元帅不在临时政府中，即副元帅代行其职。就这样，12 月 20 日，远在湖北的黎元洪接受了这个结果。同时黎元洪委托黄兴到南京组织新的政府，然而被黄兴婉言谢绝了，他告知上海的代表，要继续在武汉筹集组织新政府的资金，等一切都办妥了再去南京。毕竟，想要建设一个新政府、资金还是首要的问题。

12 月 25 日，孙中山终于在万众期盼中到达了上海，可以说孙中山一直是黄兴期盼着的“大总统”，因此当孙中山到达上海的那一天，黄兴煞费苦心地布置了非常隆重的欢迎仪式，因为在起义的时候孙中山是缺席的，那么要担任临时大元帅这个职务的话，肯定有一部分人会反对，为了减少在接下来的推选孙中山为大总统过程中的阻力，黄兴特意营造了这样一个十分隆重的氛围，为孙中山能够顺利成为国家元首做舆论铺垫。在这件事情上可以看出，黄兴始终采取的是谦让态度，一再坚决拒绝，足见在个人名位上，他不存在丝毫争权夺利思想，他还处处顾全大局，始终将革命放在第一位，他一直都在尽自己的力量维护革命内部的团结。这种品德确实是十分可贵的。不得不说黄兴不愧是辛亥革命时期一位胸怀宽广、见识超群、令人敬佩的伟大革命家。

筹建新政府的时机终于来临了，12 月 26 日，各省的代表以及同盟会的主要领导人黄兴和孙中山都到达南京，代表们面临的问题是到底让谁来担任大总统、政府应该采取什么样的形式。章炳麟曾说过："若举总统，以功则黄兴，以才则宋教仁。"对于政府的组织形式实行内阁制还是总统制，大家各抒己见，意见也有所不同。如果是内阁制的话，大家都认为应该黄兴担任总理。但经过讨论，临时政府最后还是决定使用总统制，在这个问题上，黄兴也支持了孙中山的想法。12 月 28 日，黎元洪、黄兴、孙中山三人被推选为总统候选人。12 月 29 日，这一天各省代表齐聚一堂，准备选举大总统。在投票中，孙中山在十七张有效票中得到十六票，黄兴得到一票，黎元洪一票也没有得到，孙中山是以多数票胜出，成为临时大总统，投票结束之后，由中国同盟会本部发起，召开了欢迎孙中山大会。会议期间，黄兴发言强调："据目下和议情形观之，满洲命运已将告终，然战备不可少忽，以备进攻。况建设事业尤极繁难，愿我会员共勉之。要之，今日尚非欢乐之时，他日民军占据黄龙，再当与诸君痛饮耳。”

1912年1月1日，是开创中华民国新纪元的大喜日子，临时大总统孙中山将在南京举行就职典礼。为了做好这一盛大庆典的准备工作，黄兴于前一天就到达南京，全身心投入到就职典礼的准备工作当中，无论是大的事情还是小的细节他都一一细心处理，将典礼的准备工作做得尽善尽美，生怕出了半点差错。他还出席各省都督代表联合会，正式向会议建议改用阳历，并以中华民国纪元。同时他还提议对临时政府组织大纲作补充修正。1月1日这一天，孙中山正式宣誓就职，黄兴在孙中山就职典礼中虽未发表讲话，但是他却为大总统选举和就职典礼付出了大量心血，做了精心的安排，才保证了一切工作得以顺利进行。这是他和孙中山携手合作、经历多年艰苦奋斗所取得的一个伟大胜利成果。黄兴的心情也是非常激动的，在经历了那么多次战场上的浴血奋战、失去了那么多的战友之后，黄兴终于见到了革命的胜利，这是所有人共同努力赢得的胜利，这一胜利对日后中国的发展也产生了十分重要的影响。1月3日，在孙中山的主持下，召开了由各省都督代表组成的临时参议院的选举会，选举黎元洪为副总统。孙中山提出了设立行政各部及其职责范围的方案，并提出了各部总长、次长名单，组成了中华民国临时政府。

鄂军都督府的成立

临时政府已经成立，黄兴还是最忙的人，因为除了军事外，议和、筹集款项以及处理各方面关系等等，都离不开他的策划。虽然当时南京临时政府实行的不是内阁制，但黄兴却是实实在在发挥着内阁领袖的作用。所以，了解内情的张继说："总理在临时总统期内，诸事由克强作主，总理毫未改本来面目。群众开会时，总理偶参加，仅坐会场前列，并未特置台上座位。而诸同志仍呼为'先生'，甚少呼大总统者，气度使然，并非有人教之也。一般趋炎附势，概称克强为'克老'。"虽然很苦很累，但是对于黄兴来说这些事情他都是义不容辞的。那么多年战场的征战浴血他都挺过来了，现在的这些事情又怎么会难倒他呢？对黄兴来说，最为重要的就是如何巩固这个政府的地位，好好护卫这个初生的临时政府。各部人选确定之后，陆军部的工作随即开始，经过一段时间的策划，陆军部于1月9日正式成立。孙中山下令在临时政府内设立参谋部，并且任命黄兴为参谋部总长，又在参谋部下设总务局、一局、二局、三局、四局、兵站局、陆地测量局等部门，分理各事。这样一来，就有了固定的办公人员和办公场所，黄兴上任之后便开始全力筹划北伐。并且很快就出台了一个北伐方略：

以鄂湘为第一军，由汉京铁道前进；在南京的各省北伐军以及安徽民军为第二军，由津浦路向河南前进，与第一军在开封郑州之间会合；以淮安、扬州一带的民军组成第三军，以山东烟台的民军为第四军，向山东前进，汇聚到济南和秦皇岛；合山海关外的民军为第五军，山陕为第六军。这六军一同出发，一、二、三、四军达到首要目的之后，与五、六军会合，直捣北京。假如南北和议破裂，北伐军就准备大举进军，以武力实现共和政体。

局势正在迅速地发展，作战方略已经作出，接下来就是投入到军队的准备工作当中了。由于自光复以来，各省招兵大都毫无限制，只要一心向革命，愿意为革命事业奋战的民众都可以加入到革命军中来，因此有些省的军队是以帮会分子为骨干，招募游民和收编绿林而成。但是这些民军不仅战斗力弱，而且纪律也很差。在此情况下，如不加以整编，严加训练，其后果将不堪设想。于是为了维持地方治安，严肃军纪，陆军部颁发了《临时军律》十二条，规定“凡任意掳掠、强奸妇女，焚杀良民，无长官命令、窃取名义，擅封民屋财产、硬搬良民箱笼及银钱者，均实行枪毙；凡勒索强买、私斗杀伤人者论情抵罪；凡私人良民家宅、行窃、赌博、纵酒行凶者均要受罚。”活着的人还在继续为革命而奋斗，但是对于那些死了的人，黄兴始终念念不忘，因为他们是功不可没的英雄，是他们用鲜血换来了革命的胜利，换来了民国的成立。为了告慰死者之灵和激励来者，黄兴于 3 月 1 日在南京召开追悼大会，大会表彰了先烈的革命精神，寄托了生者对死者的哀思。黄兴致悼词：“中华民国已成立，皆诸烈士之奋勇牺牲所得。尚祈诸君子努力共和事业，以付死者之期望。”这一系列的悼亡纪念活动，表达了黄兴对为国牺牲的同志们深深的怀念。

与此同时，袁世凯也在积极地筹划着接下来的军事计划，一次又一次地对革命军进行挑衅，革命军对于袁世凯无法再容忍。这时，与袁世凯是战是和，是一个十分令人头疼的问题。虽然在之前黄兴和孙中山都表示过，可能袁世凯任这个总统是非常合适的，但是真到拱手相让的时候，还是有很多现实问题。如果与袁世凯长期作战显然是不现实的：第一，双方军事力量悬殊较大，革命军刚入伍的新兵居多，真枪实弹打起仗来，绝不是北洋军的对手，革命军的伤亡会非常惨重；第二，对于黄兴来说，他虽然已经是陆军总长，但在指挥作战方面将会面对很多问题。因为他无论是对于湖北的革命军还是对于江浙联军，都是一个“空降”的领导者。士兵和军官们不一定愿意听从他的指挥；第三，也是最为现实最为重要的一点，南京临时政府成立不久，财政一直陷在尴尬的境地。国内没有财政收入，争取外援更是举步维艰，即便如此，黄兴也是费尽心力在争得日本方面的援助。但是，毕竟革命所需要的不是一笔小数目，筹集资金这项任务也不是一天两天之内就可以完成的，当黄兴尽了自己最大的努力之后，最终还是被残酷的现实打败了。因为缺钱，革命党人放弃了北伐，最终还是决定与袁世凯达成妥协，追求最大限度地保存一些革命成果。在内外的双重压力下，1 月

22日，孙中山派胡汉民将议和条件提交各省代表会议复决，向袁世凯提出了五条最后解决办法：

（一）清帝退位，由袁世凯同时知照驻京各国公使；

（二）袁世凯须宣布政见，绝对赞成共和主义；

（三）孙文接到外交团或领事团通知清帝退位布告后，即行辞职；

（四）由参议院选举袁世凯为临时总统；

（五）袁世凯被选为临时总统后，誓守参议院所定之宪法，乃能接受事权。

这些条款在很大程度上是满足了袁世凯的需求的，于是他便加紧了逼清帝退位的脚步。1912年2月12日，清廷最终被迫接受优待条件，向袁世凯妥协，中国封建王朝的最后一个皇帝溥仪退位，延续两千余年的君主制就这样结束了。很快在2月15日下午，临时参议院召开十七省代表投票选举临时大总统。这次选举以省为单位，每省一票，共计十七票。投票结束后，开票的结果就是选票统统写着袁世凯的名字。毫无疑问，袁世凯便以全票当选为中华民国第二任临时大总统。至此，共和与帝制的斗争暂告一段落，统治中国268年的清朝君主专制宣告结束，中国历史翻开了新的一页。

南京临时政府成立，总统选定，接下来面临的就是定都何方的问题了。社会各界舆论对于定都北京的热情逐渐高涨，甚至各省代表也纷纷致电南京临时政府，对定都南京表示异议，同时南方革命军中的许多将领也纷纷发表通电，主张临时政府应建在北京。就这样对定都南京还是北京的事，代表们吵得热火朝天。这种情况投票决定也许是最好的解决办法了，投票结果是 28 票中居然有 20 票赞成定都北京，孙中山对这样的结果非常不满，于是，参议院又进行了一次投票，结果在 27 票之中有 19 票支持临时政府应该设在南京。然而参议院再次投票这种行为，引起舆论的普遍不满，认为这是一次行政对立法的严重干涉，不能确保立法的独立，民国刚开始就发生这样的恶例，对今后治国将会带来极大的害处。对此，黄兴也考虑到参议院的做法确实有所不妥，于是他顾全大局特地写信对社会各界做了一番解释。在信中黄兴提到，南京无论从地理、外交、军事等各方面都是非常适合成为国家首都的，如果袁世凯能够来南京就任，以其宏才大略，必定会赢得南方人民的信任，而北方人民也会继续服从其威信。然而袁世凯心里很清楚，他一旦离开北京，来到南京必定会受到很多制约，但是他也不可能直接回绝黄兴等人的建议。于是袁世凯就假装同意来南京，南京的领导人们也已准备以最高规格的接待欢迎袁世凯的到来。但是，就在这时候北京却发生了一场突如其来的兵变，于是袁世凯借机向南方发出电报说，北方局势不稳，所以才发生了这场兵变，这样下去会影响全国统一与安定，因此他不得留在北京，总之袁世凯的态度就是：我是愿意去南京的，但是现实却不让我去，我很为难啊！但是谁也不知道这一场兵变是不是就是袁世凯自己制造的。为了不在南京定都，他也是想尽办法，用尽了手段的。因此，面对这样的状况，临时参议院已经不能强硬地让袁世凯来南京了，不得不在3月6日做出决定，同意袁世凯在北京就职。3月10日，袁世凯正式在北京就任临时大总统。

黄兴对袁世凯并不放心，精心做了一系列防范工作。很快在他的精心组织筹划下，陆军领袖联合会在南京成立，参加成立大会的都是陆军部以及各省驻南京的将校级军官，共计数百人。在大会上还通过了组织章程，黄兴被推举为会长。除此之外，对于同盟会内部的改革，黄兴也是积极参与，修改了同盟会的宗旨为“巩固中华民国，实行民生主义”。

同盟会的组织机构也做了相应调整，孙中山为总理，黄兴和黎元洪为协理，同盟会从此开始向一个完整的政党转变。此外，为了推动中华民国政治上的发展、经济上的进步，推进政治改革，黄兴还与革命党同志组织发起了拓殖协会、中华民国国民大同会、政见商榷会，就在同盟会进行内部调整的同时，袁世凯那边的政府组成人员的名单也确定了，分配给黄兴的职位是南京留守，这个职位于黄兴明显是低了，军队的上上下下都认为，以黄兴对革命的贡献及其军事能力，陆军总长的位置非黄兴莫属。然而对黄兴来说，最为重要的就是如何巩固新生的政府，而不是自己可以获得一个多么高的官职；对于袁世凯来说，卧榻之侧，岂容他人鼾睡？袁世凯肯定不会让黄兴担任要职来威胁他自己的位置，不过诡计多端的他为了安抚南方的革命党，象征性地任命黄兴为参谋总长，统辖两江一带的军队。黄兴自己很清楚，这个位置实际上没有什么军队实权，不如不做，于是就坚决地辞掉了。这样袁世凯才任命他“南京留守，仍统辖南洋各军”，黄兴很爽快地同意了，因为这个职位非常有实际的需要，临时政府虽已北迁，但南方仍有大量军队，这些军队的安置与会直接影响到国家的统一和社会的安定，如若处理得不好，就会造成大的混乱。因此，很需要一位有威望和远见的人来妥善安置，这样一来黄兴是再适合不过的人选了。不过，黄兴也想过自己做完这件事以后就要解甲归田了。

可以说南京留守这个职务的主要任务是整理南方军队，维持地方治安。黄兴就职以后，还是秉持他一向做事严谨的态度，竭力保持军队内部清正廉洁，杜绝官员徇私舞弊，为此他还专门在报刊上发表，声明说留守府“一切设施，概从简约……用人行政，务求实际，以前干修诸名目，理应一律铲除。所有款项均属国帑军需，筹措极难，未便遽以私情移赠旅费……嗣后亲族故旧，非经鄙人函电敦约而来者，恕未能一概招待”。

但是说起来容易做起来难，在黄兴实行这些措施的时候，他遇到了许多意想不到的困难，使他最初的良好愿望无法达成。

首先是军费极度拮据，军队不但无法按月发饷，甚至连士兵们吃饭也成了问题，这样的军队如果不解散，会严重影响到社会治安，在迫不得已的情况下，黄兴不得不进行大规模的裁军。其次就是留守南京的军队素质很差，缺乏战斗力。因为这些军队中除了少数是由正规军扩编，其他多是由没有经过专业训练的城乡失业群众组成，虽然他们也是满腔热血希望革命，但因未受过正规的军事训练，纪律性却很差。第三，就是黄兴个人原因，他在思想认识上存在两面性：一方面，他看到了在共和派里中混进了异己分子、敌对分子，他知道这些人只是打着共和的旗号，其实是想要恢复旧制度的；然而另一方面，他又以正人君子之心度量诡计多端的袁世凯，他以为袁世凯会履行自己许下的承诺，对袁世凯缺乏必要的警惕之心。黄兴还不知道袁世凯正式接任临时大总统后，就已经有了裁撤南方军队的野心，而黄兴只是袁世凯手中的一枚棋子，黄兴全然不知仍以诚相待，认为“既经让出政权，为了表示和平建设，也同意裁兵倡议，当即通令南方各省革命军严加裁汰”。各省各界人士多次劝阻黄兴不要这样大规模地裁撤军队，会对他自己和南方军队产生不利，但黄仍坚持己见，“要想训练精兵，也必须先裁冗兵”。黄兴以为袁世凯当总统后，国家统一已经实现，民主共和大功告成，甚至放松了思想上的戒备，没有把工作重心放在整军经武上，只是一心一意希望早日把军队安置完毕，就算完成了留守任务，自己就可以投身实业建设了，结果后来的事情并没有按黄兴的设想发展。南京以及其周边的军队状况一天比一天糟糕，他终于发现，并不是裁撤军队就可以解决问

辛亥革命后孙中山与黄兴等人合影

题的，黄兴再也承受不了这种煎熬，终于辞去留守的职务，并在6月14日撤销了留守府。这个结果正是袁世凯一手谋划的，他终于达成了自己的心愿，消磨了革命党人的意志。但是对于黄兴提出的辞呈，袁世凯还假情假意予以挽留，这样做也只是为了安抚那些支持黄兴的革命军。直到6月14日他才批准了黄兴的辞呈。

黄兴卸任后，如释重负，在这一年的10月，他终于回到了阔别多年的家乡湖南，在经历了这么多坎坷，这么多浴血奋战后，他终于回来了，这十几年革命的日子，似乎历历在目，不禁感慨万千，赋诗一首；

卅九年知四十非，大风歌好不如归。
惊人事业随流水，爱我园林想落晖。
入夜鱼龙都寂寂，故山猿鹤正依依。
苍茫独立无端感，时有清风振我衣。

四、历经坎坷，维护共和

离开南京，黄兴回到故乡，期盼着共和可以早一点到来，但是不久他就听说袁世凯倒行逆施，蠢蠢欲动想要恢复帝制，自己称帝。面对袁世凯如此恶劣的行为，黄兴再也忍不住了，很快他就带着一腔对共和的热情，带着对袁世凯的满腔怒火，再一次披挂上阵，奔向前线。

就在黄兴去职的第二天，国务总理唐绍仪因袁世凯违背《临时约法》，擅自改委王芝祥为南方军队宣慰使，愤而悄悄离职，离开天津。民国政府北迁后成立的第一届内阁，存在仅两个多月，就因袁世凯一意孤行解散了。在同盟会的参与下，第二届内阁才成立。经过这场风波，袁世凯认识到同盟会是一股不可轻视的力量。他深知只有得到同盟会的支持，他的统治才可以得到巩固。因此，7 月中旬袁世凯派蒋作宾持自己的手书专程来到上海，请黄兴北上至北京，共筹大计。起先黄兴是不同意北上和谈的，但是在袁世凯的一再请求之下，黄兴认为在内忧外患的形势下，只有停止内争，一致对外，国家才有望安定富强。于是，8 月 2 日，黄兴与孙中山抱着调和南北、富强国家的善良愿望，接受袁世凯的邀请，来到北京共议国家大事。这次黄兴与孙中山北上和袁世凯进行会晤，大大改变了袁世凯在革命党人中的形象，从而使袁世凯取得了巨大的“成果”。首先，这次会晤在一定程度上消除了革命党人和袁世凯之间的隔阂；其次，在这次会晤中解决了棘手的内阁问题；最后，也是十分重要的一点就是在内政外交方针上取得统一认识。孙中山、黄兴两人就内政、外交以及建设事业，都提出了许多宝贵建议，先不说袁世凯内心是不是认同这些意见和建议，但是他为了在全国人民面前显示他与孙、黄的团结一心，树立自己的形象，很快颁布了《孙黄袁黎协定之八大政策》。总的来说，这次孙、黄应邀与袁世凯商谈国政，发挥了重大作用，对国家和社会的稳定产生了良好的影响。10 月 5 日，黄兴离开北京回到上海，做了一番短暂的休息之后，就回湖南老家探望了。

在民国建立的纷纷扰扰中，转眼间就过去了一年，迎来了武昌起义的一周年纪念日。黄兴对这个日子是非常看重的，于是就发布了通电，以 10 月 10 日作为国庆纪念日，来缅怀那些驰骋疆场死去的革命将士，黄兴想起往事，又感慨万千。他对于那些在历次革命战斗中为革命献出生命的烈士有道不完的思念，为了悼念这些先烈，这一天他专程赴万寿宫向革命先烈致敬。下午，在国民党南京支部的欢迎会上，黄兴又缅怀了黄花岗起义和历次起义中死去的同志，还借此机会勉励他的同僚要珍惜和平。当天下午，黄兴又参加了国民党南京支部为他举行的欢迎大会。在会上，他做了演说细述革命经过，同时指出："广东之败，为革命以来最大之失败，然革命之成功亦于焉赖之。"除此之外，他也详述了对袁世凯的观感，透露了去年冬天与袁世凯和谈的详情。他说："当时之袁总统，固以和平为职志，议和专使之来，内容实含有和平解决之策。在上海英巡捕房见唐代表，首秘密叩以袁总统之意见果主张和平否？代表非常诚恳……当时之议既定，遂有今日。"

这个时候的袁世凯想要借辛亥一周年为黄兴和孙中山等人授勋，从而赢得同盟会成员对他的信任与支持。但是黄兴一向不喜欢接受这种勋章，再加上这革命的成果是那么多逝去的革命先烈用鲜血换来的，却让他这个活着的人来接受荣誉，实在令他难以接受，于是他坚辞不受。这时的黄兴也已经接近不惑之年，在他心里最想要的还返回家乡湖南，他只想要好好停下来思考一下自己过去革命生涯，回想一下自己经历的那些艰险与艰难、那些无奈与尴尬、那些惊喜与希望。他的心愿就是建立一个新国家，但是这世界上任何事情可能都不如想象得那样美好，十几年经历了千难万险，带领军队驰骋沙场，浴血奋战推翻了一个封建王朝，眼看最苦最累的日子已经过去了，眼看人民百姓即将要摆脱封建束缚，中国也将进入一个新阶段，但是自己还有许多心愿没有达成，黄兴的心情复杂极了，这种欲罢不能、心有余而力不足的感觉让他不知所措。眼看时间就像流水一样过去了，自己也一天天老去，身体也一天不如一天了，他在想自己还能为实现理想驰骋沙场吗，还能看到那一天的到来吗？黄兴在革命的日子里，十分注意团结，用实干代替了一切，不求功名利益，不计较个人得失，他用自己的实际行动证明了这一切：在武汉，他接手了一场不可能打赢的战争，但是他全心全意去打了；在南京，他做了最不讨好甚至是收拾烂摊子的留守工作，但是他没有丝毫怨言，实心实意去干了；最后，他还北上努力去说服袁世凯。他曾经被利用、被误会、被轻视，这些他都经历了，但是他从不抱怨，从不为这些小事改变对革命事业的坚持与热情。在辛亥革命这样一个大背景下，在同盟会里，黄兴努力做到了他所有能做的一切，但是想推翻一个政权容易，但想消灭数千年封建制度留下的影响，并不那么容易，需要长期奋斗。

在湖北，黄兴凭吊了革命圣地以后，在 1912 年 10 月 31 日返回了长沙。这一天，长沙人民在街道两旁热烈地欢迎这位革命元勋，黄兴在休息之后就前往长沙大汉忠烈祠，向革命先烈敬献了祭文：

维我湘湖，义烈最多，民国设立，实为先河。

戊戌以来，十余年载，前死后继，求胜于败。

京汉两役，血肉横飞，奔走呼号，衡云为开。

志士颠连，海外投窜，迄兴远逝，连为一贯。

癸卯之春，辽祸方亟，乃倡义军，声同霹雳。

后遭解散，备尝艰苦，湘士同归，重振旗鼓。

甲辰之秋，豪侠云集，大举未成，戕我壮士。

厥后诸贤，尚多惨死，爱国之心，死犹未已。

去年武汉，正值危急，告湘响应，最为得力。

汉阳前驱，东南所瞻，我军死战，何止百千。

赖兹碧血，以成民国，历史光荣，吾侪痛切。

兴也无能，尚保残生，追念往事，涕泣纵横。

湘沅依旧，烈士不还，唯有崇祠，万民所望。

聊陈鲁酒，以表敬忱，云车风马，庶其来临。

这篇祭文，概述了自戊戌变法以来湖南爱国志士的光辉革命历史。有庚子自立军起义、拒俄义勇队、长沙华兴会举义、汉阳保卫战，在这一系列的战斗中湖南爱国人士都作出永垂不朽的贡献。黄兴表达了他对先烈们的缅怀之情。之后，黄兴即投身于实业建设中。12 月 2 日，黄兴发起组建中华汽车船有限公司，还与谭延闿等联合组建洞庭制革股份有限公司，他希望继这个公司之后，湖南能成立更多的专业公司，从而发展湖南的实业。就这样忙忙碌碌将近半个月，直到 12 月中旬他才闲了下来，到了自己的故园凉塘住了几天，但那时的他还不知道，就此一别，他再也没有回过这片故土。12 月 16 日，黄兴离开湖

广州各界悼念黄花岗七十二烈士

南赶往武汉，于1913年1月，黄兴就任汉粤铁路督办。

不久，同盟会又发生了一件令人十分心痛的事情，革命党人宋教仁于1913年3月20日晚上，在上海火车站被枪击后不治逝世，国民党也就此丧失了这一优秀的领导人，宋教仁在临终前，已经不能讲话了，黄兴心痛不已，轻轻地俯身到宋教仁的耳边说："钝初，你放心去吧！"宋教仁咽下了最后一口气，离开了革命，离开了与他浴血奋战多年的战友。在追悼宋教仁的挽联上，黄兴是这样写的：

前年杀吴禄贞，去年杀张振武，今年又杀宋教仁；

你说是应桂馨，他说是洪述祖，我说确是袁世凯。

宋教仁的死，带给黄兴带来了极大的痛苦，他实在忍不下这一口气，多次致电袁世凯、国务院、参议院，愤怒指出："当此人心摇惑之际，而有如此凶徒不顾大局，戕贼人道，殊深浩叹。当场凶手窜逸，未及捕获。"

黄兴和宋教仁的友谊深厚，始终不渝。他们是在1903年认识的，那时候，黄兴是留日学生团体"军国民教育会"的成员，返回两湖从事革命运动；宋教仁正在湖北武昌的文普通学堂读书，不知他从哪里就听说了黄兴提倡改革，主张推翻清政府，一时间觉得找到了自己的知己。从此之后，二人并肩作战，始终不离，共同经历许多风风雨雨。他们都以革命的理想作为共同追求的目标，肝胆相照、互相提携，在平日的生活里推心置腹、坦诚以待，以无微不至的关怀互相照顾，一直为革命而奔走。1903 年 11 月，黄兴和宋教仁共同发起成立了内地第一个革命团体华兴会；武昌起义之后，宋教仁和黄兴一同赶往武汉，并由宋教仁主持制定了《临时约法》的蓝本《鄂州临时约法》；1912 年 1 月，中华民国成立，黄兴任陆军总长，宋教仁任法制局局长，共同为南京临时政府竭尽心力。在宋教仁的心里，他一直十分敬佩黄兴，而黄兴也一直很器重宋教仁的才华。南京临时政府成立前，宋教仁多次提议由黄兴来担任大元帅。国民党改组后议会选举时，有人多次劝宋教仁出任内阁总理，宋教仁却认为黄兴是总理的最佳人选。因此可以看出他们的感情是非常深厚的。

宋教仁案发之后，国民党和袁世凯的关系没有办法通过假情假意来维持，已经恶化到了极点，武力讨袁的呼声越来越高。于是在 7 月 12 日，在孙中山和黄兴的支持下，李烈钧在湖口誓师起义，就任江西讨袁总司令，宣布江西独立。二次革命由此爆发。紧接着在 7 月 15 日，黄兴也迫使江苏都督程德全宣布独立，自己就任江苏讨袁总司令。但是这场二次革命还没有开始，结果就已经是可以预知的了。无论从哪一方面来分析，革命党人都是处于弱势的。首先，在当时，革命党人掌握的兵力很少，不但在数量上远不及北洋军，战斗力同样差距很大。其次，革命党人武力讨袁的财力严重不足。第三，从当时的形势来看，

孙中山赴南京就职

武力讨袁的时机尚未成熟。第四，从人心向背考虑，此时发动武力讨袁不但得不到绝大多数人的支持，反而会引起他们的厌恶。因为之前袁世凯种种虚伪的行为已经赢得了一部分人的支持。但即使是在这样的情况下，二次革命的浪潮还是轰轰烈烈地来了，但革命党人很快就招架不住北伐军的进攻，最终二次革命失败。

五、逃亡与决裂

二次革命的失败对黄兴产生了很大的刺激。他一开始被迫起兵；在最不想放弃的时候，他被迫放弃了；在最需要革命同志支持的时候，他也与孙中山产生了矛盾。他又一次逃亡日本，在逃亡途中前后共计花了 30 天，其中的艰辛和颠簸，也只有他自己知道了。刚到日本的黄兴实在狼狈不堪，身上只有从旅馆借来的破旧的西服；他没有固定的住所，身上也几乎没有什么钱。革命失败的打击令他难以忍受，这是不是在告诉过去一切的努力对于他均以失败告终呢？就在这个时候，他的家属在得知黄兴到达日本后，也很快从上海乘船赶到日本。黄兴一家人终于在异国他乡团聚了，在这个时候能够有亲人陪伴在身边是一种莫大的幸福。

经过了一段时间的消沉与反省，黄兴又忘我地投入到革命的工作之中，一个人的奋斗更加精进。再次回到日本，黄兴觉得要想取得革命的胜利，最重要的还是要把革命的精神发扬光大，做错了的一定要改进，而不是就此永远倒下。所以，黄兴认为，革命还是要有长远的眼光，要团结起来，大家一起制订一个长远的计划，真正的胜利一定会到来的。

黄兴退居日本，但是还一直在关注国内局势的发展，“筹谋善后办法”。他“自抵日以来，外察国势，内顾党情，鉴失败之主因，思方来之艰巨，以为此次乃正义为金钱、权力一时所摧毁，非真正之失败。试翻中外之历史，推天演之公例，未有正义不伸者，是最后之胜利，终归之吾党”。黄兴在日本居留期间，刚好远离国内纷争，他可以静下心来思考过去的种种战斗。他认为想要追求今后革命胜利，从根本上来说，就是要开诚布公，把以前正确的地方加以继承发展，将以前不正确的地方认真改进，并且向广大国民公开承认以前的过失，并且要用实际行动改进这些过失，以此来恢复革命党在人民群众中的威信，再一次地赢得在民众心中的地位。此外还要做长远打算，不宜急功近利，搞那些无益于根本的小暴动，那样反而伤财害命，更不能说一些群众不会再相信的空话大话，而是要团结起来。但是不久，在袁世凯的高压下，越来越多的革命党人逃到了日本，先来一步的黄兴自然也就担负起安排流亡同志的任务，但此时黄兴自己的日子也过得不充裕，只好忍痛变卖自己的收藏以及值钱的物品资助革命同志。同时，他也在四处借贷，想办法给流亡同志足够的生活保障。

就在这样十分艰难的条件下，越来越多的革命党人来到了日本，其中很多都是中下级军官，东京再一次成为中国革命者的聚集地，黄兴在照顾这些和他一样穷困潦倒的革命党人的同时，也觉得应该在革命的低潮期保存和发展力量。于是，黄兴打算开办军事和政治方面的研究学校。1913 年 12 月 1 日，“浩然庐”开始上课，以军事作为主要研究对象，校址设在东京。开学那天黄兴亲自为学校题匾：“汉贼不两立”，“大盗窃国，吾辈之责”，目的是激励学生，让学生知道读书是为了救国。学校开设了法制、军事学、武术等课程。另外一所东京政法大学于 1914 年 2 月 9 日开始上课，专门研究政治与法律，教授政治、经济、法律等方面的课程。这两所学校为以后的革命培养了很多出色的军政人才。此外，黄兴为了加强反袁宣传，还积极支持创办国民党机关刊物《民国》杂志。当时章士钊正在办《甲寅》杂志，这两本杂志在海外的革命党人产生了很大影响。

这一时期对黄兴打击最大的是和孙中山的矛盾。孙中山和黄兴最根本的矛盾，在于宋教仁案和随之而来的二次革命。宋教仁遇刺，使孙中山、黄兴和其他革命党人开始认识到袁世凯才是民主共和最危险的敌人，面对袁世凯的步步紧逼，孙、黄二人都觉得有必要采取一些行动。但就是在这个问题上，二人产生了意见分歧。孙中山想要武力讨袁，趁袁世凯还没有准备好的时候，来个出其不意；而黄兴认为，能用法律解决就不要用武力，而且不适合对大总统公开以武力相向，其次，黄兴还考虑到当时美国将要承认民国政府，如果在这个时候发生内乱，会引来外国人耻笑，导致外交问题。黄兴同时也考虑到南方的军队并不是袁世凯军队的对手，但是最终，黄兴仍然支持了孙中山的想法，进行武力讨袁，结果就是黄兴对这场战争没有任何信心，那种悲观的情绪一直笼罩在他的心头挥之不去，讨袁以失败告终。

在总结二次革命教训的时候，两人的冲突进一步被激化，孙中山认为自己是百分之百正确的，革命之所以不成功，主要原因就是黄兴并没有贯彻实行自己的计划，因而导致二次革命失败，并将革命的失败怪在了黄兴头上。黄兴也真的是有苦说不出，他认为很轻率地就发动了这场战争就应该考虑到失败的可能。除此之外，两人对当前的形势估计也存在严重分歧。孙中山对形势估计十分乐观，他认为二次革命失败之后，“自表面观之，已党势力全归乌有，而实则内地各处，其革命分子较之湖北革命以前，不啻万倍。”而在黄兴看来，革命党人在军事上连连失败，不仅原有的地盘已经被袁世凯占领，在军队实力上也大大减弱，因此革命党想要在国内立足已经很难了。袁世凯在军事政治方面已经控制了全国绝大部分地区，同时他还得到了外国列强的支持。革命显然处于低潮，在这种形势下，应当养精蓄锐，寻找合适时机再讨袁。

还有一个导致孙黄分歧的重要问题，就是组党。孙中山认为国民党已经涣散无力，决心重组中华革命党，他组织这个党的本意是要解决国民党党员的独断独行、各行其是、自由散漫的状态，所以采取了一系列措施加强集权，甚至采用个人崇拜的方式。对于孙中山这个高度集权的新政党，黄兴明确表示坚决反对。因为在黄兴看来，这些做法不仅不能够体现平等自由，甚至是对党员人格的一种侮辱，如果真的这样做了那就和袁世凯没有什么两样，因此黄兴对于孙中山的这种主张不做任何让步。黄兴始终不放弃建党的根本原则，是一种非常可贵的革命品质。孙黄的这次分裂，总体来说，还是他们所处的位置和性格决定的。多年来，孙中山一直从事全面领导工作，主要负责提出革命计划，在性格方面更为自信积极；而黄兴长期处在革命武装斗争第一线，对于革命的形势有更实际的了解，他也是孙中山计划的直接执行人，在处事方面他就更为谨慎保守一点。最后，在这场关于建党的争论中，黄兴觉得自己既然不想加入这个组织，更不想继续扩大革命党人内部的矛盾，也不愿意继续接受舆论的无端指责，只好离开。因为他深知，在革命党人内部如若长此争吵不休，会自行削弱革命力量，给敌人以挑拨离间的机会，最终给革命事业带来极大的损害。

1914 年 6 月 29 日，黄兴远赴美国。黄兴这次离开日本，不仅离开了日本这片熟悉的土地，更离开了曾经生死与共的革命战友。在离开的船上，他心事重重，回想起自己度过的 40 个春秋，尽心尽力为革命奋斗半辈子，现在却不知道现在该何去何从，自己竟然沦落到了这样的状态，看着傍晚的霞光满天，黄兴顿时感慨万千，写下一首五言绝句：

口吞三峡水，足蹈万方云。

茫茫天地阔，何处着吾身？

7月9日，黄兴抵达了檀香山，当时华侨热情地迎接了黄兴，并为他举行了欢迎会。看到美国的华侨们如此热烈地欢迎自己，他在路上那种阴沉的心情一扫而光。黄兴在欢迎会上发表了演说，他向广大华侨说明了讨袁的意义，还说自己与袁世凯没有任何的私人恩怨，袁世凯是全中国人民的敌人。他还说道："此行的目的不是筹款，而是要让世人了解中国目前的真实情况。本人直接奉孙先生之命向美国转达他的意见。我们认为美国公民必须知道真相。我们把美国列为第一站，是因为我们自美国获得自由的观念的同时，首先承认我们新共和国的也是美国。"美国朝野上下十分同情这位中国革命元勋，美国总统甚至不理睬袁世凯的要求，用电报及公文通知海关官员，让他们在海关优待黄兴并妥加保护。看到美国政府和人民的热情欢迎，黄兴感到十分振奋，对于革命的宣传更是信心满满。

到达旧金山之后，黄兴常常去参加一些组织举行的聚会，并且他都会在宴会上发表演说，每次演说都长达两三小时，他就是想要揭露袁世凯的帝制野心和种种欺骗人民、杀戮志士的行径。这次来美国，他还想研究美国的政治现势与政治制度，以备将来为中国的政治改革服务，在旧金山的几天里，他收获

20世纪初的东京

了意想不到的成功，为此他感到十分的欣慰。在离开之际，他把国民党的党员召集在一起，告知了大家自己此次美国之行的目的。安排妥当以后，他就离开了旧金山。

7月23日，黄兴移居太平洋沿岸的避暑地太平洋森林公园，这里环境优美安静，于是他静下心来一边学习，一边休养自己多年操劳而疲惫不堪的身体。在这里，他度过了一段非常平静美好的日子，他和陪同的人员共同租了一幢房子来减少开支，还自己在清晨的时候出去钓鱼，回来做饭，享受海边的平静岁月。这是他在辛亥革命时期想都不敢想的，回想起曾经战场上的厮杀与血腥，更是让他珍惜眼前这平静美好的生活了。更让他感到欣慰的是女儿振华也一直陪伴在自己身边，帮助处理一些信函、翻译一下电报。在女儿的陪伴下，在这闲适的环境里，黄兴的心情非常愉悦，身体情况比之前好了许多。但毕竟独坐异乡为异客，黄兴心里还是非常想念祖国的那片热土，一日夜里与女儿赏月时，便借景抒情，吟诗一首：

天上有明月，万里游子心。
清华愈皎洁，相对倍思亲。

就这样黄兴一行在太平洋森林公园居住将近两月，在这两个月里，他看起来像是避开了纷扰与工作，但其实他更多的是想要在闲暇的时光里为革命做准备。当地的团体和其他组织请黄兴去演讲，他是从来不拒绝的。他不仅珍惜每一个宣传革命的机会，而且在演讲之前，他都会做充分的准备。在旧金山的华侨集会上，他说道："夫政治不良，人民有改革之责任，西哲所谓革不良政治之命，被治者天职是也。"黄兴的演讲大都是对袁世凯的独裁统治进行猛烈的抨击，他认为除非袁世凯改弦更张或者有人取代其位置，否则南方各省的革命之火绝不会熄灭。

10 月 2 日，黄兴又抵达纽约，在这里的一个多月里他受到的欢迎和在旧金山、洛杉矶等地一样热烈。他多次出席当地华侨及国民党支部的欢迎集会，在闲暇之余他还在黄一欧、黄振华兄妹陪同下，参观了唐人街、哥伦比亚大学和纽约大学，以及中央公园、历史博物馆、动物园、《纽约时报馆》等等。在纽约的日子里，有很多中国留美的学生都前来拜访他，他也都是一一接见，和他们畅谈衷曲，并且勉励学生们都要有所成就，以后报效祖国。在《纽约时报》记者的采访中黄兴说，袁世凯正在蒙骗中国人：第一，袁世凯断言中国人还没有准备好实行共和；第二，他说自己是能够统一中国的唯一强人。袁世凯这样狂妄没有根据的言语实在令人作呕。

黄兴美国之行引起的震动使袁世凯感到万分惊恐，于是袁世凯有意制造谣言，破坏黄兴在人民心中的形象。但黄兴却并不那么在意袁世凯耍的这些小伎俩，因为他的最终目的是宣传革命。在纽约之行后，黄兴又转到华盛顿住了一个星期，最后定居于费城的米地亚。因为这里交通便利，居民不是太多，比较适合黄兴在纽约、费城和华盛顿之间奔走来往宣传革命。还有非常重要的一点就是，费城是《独立宣言》的发表地，文化教育与医疗条件都很好，即便于黄兴考察美国的政治，同时也比较适合他在这里养病。但是令人担忧的就是他的病一日比一日严重，一天早晨起床后突然吐血，医生诊断为胃溃疡，说他必须接受治疗，并要长期休养，不能过度劳累。但是他又何尝能闲下来呢？他一直孜孜不倦地与袁世凯进行斗争，其中一项比较显著的成果就是阻止了袁世凯政府向美国借款这件事。因为当时正值第一次世界大战爆发，美国远离战场借机大发战争财，袁世凯乘此机会向美国狮子大开口，计划借 5000 万到 1 亿美元。黄兴为了阻止袁世凯的此次借款行为，动用了海内外所有能动员的关系。首先，他委托国内的国民党员收集有关袁世凯政府财政状况的数据，将不合情理的财政状况，尤其是那些用于专制的财务往来都记录下来，然后他又托人联系美国国会议员，告知美国政府袁世凯政府借钱并没有经过合法的程序。这样一来，美国政府也开始犹豫了。就这样，黄兴通过各种方式最终阻止了美国政府将钱借给袁世凯。

转眼间，黄兴在美国居住将近两年了，虽然他的身体是大大不如从前，但他仍然无时无刻不在为维护民主共和尽心尽力。为了揭露袁世凯的种种罪恶，他到处奔走演讲；为了使革命思想与时俱进、日新月异，他四处走访认真学习美国的民主制度。总之，为了这个新生的共和国，黄兴可谓是鞠躬尽瘁。随着对于袁世凯真实面目的一步步认清，黄兴革命的动力也在与日俱增。在二次革命以前，他和许多革命党人一样，还天真地轻信袁世凯的诺言，拥护袁世凯。直到当宋教仁案发生，他这才从迷惘中猛醒过来，原来袁世凯才是破坏共和、民主的最凶恶的敌人。袁世凯用虚伪骗了广大人民群众，用金钱收买革命党人，他还使用各种可耻的伎俩挑拨革命党人之间的关系，想要将革命力量摧残殆尽，企图推行独裁统治，而当时的革命党人还蒙在鼓里。如若放任他的野心如此发展下去，那么革命的成果未来必将化为灰烬，一切革命的努力都白费了。因此黄兴毅然决然地抛掉了对袁世凯的幻想，明确提出“汉贼不两立”，决心打倒袁世凯。黄兴自己亲身经历了袁世凯倒行逆施的过程，他不愿看到国人都被袁世凯的阴谋蒙蔽，他不愿看到革命的果实被袁世凯一步步吞噬然后化为乌有。在美国他极力揭露袁世凯的罪行，开展反袁宣传，他号召人们应当团结一心，共歼国贼。他的演讲显然是非常奏效的，为了揭破袁世凯的真面目，他拿出了真实具体的事例，摆出了确凿的数据，从各个角度淋漓尽致地揭露了袁世凯的奸险伎俩。黄兴的这种对革命的热情、对祖国的热爱、对共和的坚定鼓舞了革命党人的斗志，同时在美国各界人士中引起了强烈的反响，争得了美国人民对中国革命的支持与同情。但是黄兴在美国，四处奔波宣传革命，他的生

孙中山

活变得越来越拮据，生活费用甚至都是靠变卖自己的字画和收藏来维持的。这些字画和古玩大部分是 1912 年秋天黄兴北上的时候收到的礼物，也有一些是在南京和上海时别人赠送的。但为了革命，他把这些都卖出去，得到了两万多美元，用这笔钱做游历费用及治病费用。

六、返回祖国，与世长辞

伴随国内独裁统治的建立，封建复古闹剧也开始登场，袁世凯称帝的步伐在一步步加紧，于1913年6月22日，他发布了尊孔令，向广大人民群众大力吹捧孔子为“万世师表”，还宣称孔教“放之四海而皆准”。1914年9月25日，又正式颁发祭孔令，公开恢复祀孔典礼。袁世凯在国内的倒行逆施，又引来了列强对中国的垂涎。首先就是日本，他们借此机会扩大对华侵略，1914年11月，日军占领青岛，德国在华权益全部为日本夺取。随后，日本政府对袁世凯软硬兼施，胁迫袁世凯同意日方精心策划的“二十一条”。这个“二十一条”共分为五个项目，大概意思如下：

第一号，要求中国把德国在山东的一切特权移交给日本，同时增加了其他不少路矿的权利；

第二号，要求中国承认日本在南满和内蒙古东部的一切路矿和无限制移民等既有特权，不许列强介入，并延长旅大租期为九十九年；

第三号，要求中国承认中日合办“汉冶萍公司”，其邻近矿山等，未经日本政府同意，中国不得自行处理；

第四号，所有中国沿岸港湾及岛屿，概不让与，或租借与他国；

第五号，聘用有力日人为中央政、财、军顾问；日营病院、寺庙、学校，在内地有土地所有权；中日合办各地警察局；中日合办中国军械厂，统一武器使用；日本享有武昌至九江、南昌及南昌至杭州、潮州各铁路之制造权；筹办或整理福建省内的路、矿、港口、船厂，日本有优先权；日人有在中国布道权。

如此丧权辱国的“二十一条”一经传出，立刻引起全国各地震惊。国内各阶层人民以及海外华侨纷纷展开各种形式的抗日爱国活动。上海、北京、天津、杭州等地的商人、学生纷纷集会、游行，坚决要求北京政府拒绝日本的无理要求，看到这些条款的袁世凯也寝食难安，处于一个进退两难、举步维艰的地步：如果他答应了这出卖国家权益“二十一条”，那么中国势必变成日本人的保护国；但是他若不答应，自己当皇帝的美梦就会破灭。袁世凯心里也是非常清楚，卖国这种事情必然会遗臭万年。

就在此时，袁世凯处于这种举步维艰最倒霉的时候，国内又谣言四起，说革命党人想要乘虚而入，利用外国的势力来推翻袁世凯北京政府。面对如此空穴来风，黄兴十分气愤，便在 1915 年 2 月，与李烈钧等人联名发了一封义正词严的电报，完全否认这些谣言，说明了革命党人并没有这样的企图。同时在电报中，他们还号召全国人民，大敌当前，应该以民族利益为重，共同抵抗外国侵略，保住中华民国。黄兴虽然恨袁世凯的专制独裁行为，但是他又是一位十分虔诚的爱国者，虽然在过去的这些日子里，他到处宣扬袁世凯种种罪恶的行为，到处去揭露袁世凯的丑恶嘴脸，看起来他已经将袁世凯恨到骨子里了。但是当列强想要侵略中国的时候，他还是以大局为重，以民族利益为重，即刻停止倒袁，让袁世凯专心对外，维护国权。然而，袁世凯最终还是答应了丧权辱国的条约。黄兴的气愤已经难以用言语表达，在认识到袁世凯的本质之后，黄兴认为必须要推翻专制统治，重新建立起新的秩序，顺应时代的潮流，举国同心，才是救国之根本。这时的黄兴虽然仍居留美国，但他一直在关注着国内事态的发展，1915 年 9 月底，黄兴接到蔡锷派专人送来的一封长达 17 页的密信，详告了当时国内形势以及袁世凯复辟帝制的种种活动，并告诉黄兴自己想要讨袁的想法以征求黄兴意见。黄兴接信之后，仔细研究分析了当时国内形势，立刻采取了行动，他命令自己的长子一欧动身去日本，将一封信交给留驻东京的同志张孝准。张随后秘密回国，同蔡锷取得了联系。黄兴自己也抱病动身，在美国筹款，对讨袁做经济上的支援。

宋教仁

他认为三次革命的发难时机已经成熟，他对孙中山写信说，如有所命，极愿效力。同时，黄兴还对护国运动作出了周密的考虑，提出了六点意见供同人采纳：

（一）发难需急，缓则狡袁用他种手段，去其反对之势力后，更难着手。

（二）发难不必择地，即印兄所主张之滇、粤即可，因割据一、二省，响应必起，袁贼财政，即生缺陷。此可致袁之死命。

（三）广设暗杀机关，造成种种恐慌，此节兄等已实行。唯须连发，不论大小强弱（小弱者更易为力）。昨郑汝成一击，最快人心者。北方更须注意，其赞成帝制各机关，破灭之，亦有效。

（四）冯某（指冯国璋）未尽可靠，当有先防之之心。若能得彼部下之同情，即急起拥戴之，彼亦无所逃。然须知彼非如程德全之易与，更须防如程德全之反复。

（五）陆氏（指陆荣廷）一武夫，以部下激发之自易。以大势观之，此间或可先发（滇能先发亦好，此处可以一电，脱离中央，自成独立民国）。

（六）外交不必先有所顾虑，以起与不起，利害均相等，唯须尽力图之。

他的这些建议，非常切合实际，对革命军的下一步行动也具有一定的指导意义。很快，护国战争就在云南发动，使袁世凯很快陷入狼狈不堪的困境，有力地鼓舞了全国人民坚决反对帝制的勇气，不久袁世凯又在财政上陷入了困境。由于联合讨袁的需要，黄兴与孙中山以及中华革命党的关系，也有了转机。自从黄兴离日赴美，孙中山就失去了一位得力的合作者、同盟者。在面临袁世凯的倒行逆施时，孙中山于1915年3月亲自给黄兴去信希望他可以回国，与自己一致讨袁。但当时黄兴认为时机还未到，于是给孙中山回信说："兴与先生奔走二十余年，金兰之契，非比他人。先生苟有所图，兴敢不竭力相随。"因为那时候的革命党人既没有稳固的根据地，也没有雄厚的财力，发动起义根本是不可能的，因此黄兴没有即刻回国。但是随着形势发展，国内人士开始看清袁世凯的真实面目，讨袁的呼声越来越高，黄兴认为时机已经成熟，故立即向孙中山表示愿为讨袁效力。由此，众望所归，黄兴和孙中山重新走向联合，联手护国讨袁。两位民国伟人的再度携手，无疑将大大增强讨袁力量的团结与协作。

但是黄兴依然没有回国直接参加护国运动，第一是因为他自己在美国的日子十分拮据，甚至路费对于他来说都是拿不出的；第二就是他想留在美国，期望能通过自己的力量，让美国政府借钱反袁；第三，是他不想中途回国，落下一个邀功的名头，如果这个时候回国，反而会有许多不必要的麻烦。虽然黄兴远在大洋彼岸，但是他依然利用自己的地位和影响，成为护国运动中重要的联络者，为策划反袁护国做了大量的工作，起到了别人所不能起的显著作用，特别是在促进各种反袁力量大联合的过程中，他起了别人无法替代的桥梁作用。有这样一个人在国外进行联络工作，才促进了反袁各派的大联合顺利形成。可以看得出，在护国讨袁的过程中，黄兴还是在坚持贯彻自己“成事不必在我”的主张，甘当无名英雄。

护国运动还在继续进行着，云南、贵州和广西都相继宣布了独立，而一直被袁世凯引以为豪的北洋系已经支离破碎，甚至一直对他忠心耿耿的属下也都相继离他而去。这时他才真正意识到自己非但不能成为皇帝，而且已经成了光杆司令。真可谓不见棺材不下泪，这时沦落为孤家寡人的他，才考虑退让了。1916 年 3 月 23 日，袁世凯宣布取消帝制。到这一天，他刚刚做了 83 天的皇帝。如果从 1915 年 12 月 12 日算起，也不过是 102 天。袁世凯被迫取消帝制，可以说是以黄兴为首的革命党人所取得的一个很大的胜利。但是对于年事已高的袁世凯来说，这无疑是一个巨大的打击。袁世凯走投无路之下，想要和革命党人议和，面对袁世凯的议和建议，许多反袁阵营中的人觉得目的已经达到了。但是黄兴的认识更为清醒，经过辛亥革命、二次革命之后，他不再对袁世凯抱有任何的希望，他认为除非袁世凯下台，否则革命就不能结束。因此，他主张将反袁进行到底。这时虽然袁世凯没有以前那么难以对付，但是，国内的形势还是变幻莫测。于是在国内的许多护国军将领和孙中山也亟盼黄兴早日回国。1916 年 4 月 22 日，黄兴自旧金山登轮，横渡太平洋赴日本。在这漫长的海上旅途中，黄兴感慨颇多，他在甲板上做了两首诗，一首表达了自己回国的：

太平洋上一孤舟，饱载民权与自由。
愧我旅中无长物，好风吹送返神州。

而另一首则可以看出他内心的复杂情绪：

不尽苍茫感，舟行东海东。
干戈满天地，何处托吾躯？

黄兴在美国旅居的两年里，对美国的政体与民主制度做了比较深刻的剖析，此次回国，他虽然没有带回什么财物，但是他带回的是一笔十分宝贵的精神财富。但是，黄兴心里很清楚，即将摆在他眼前的仍然是一个烂摊子，因为此时祖国的政局仍然动乱不堪，人民仍然处于水深火热之中，他将要面临的又将会是一个巨大的挑战。

当黄兴抵达日本时，国内局势又有了进一步的发展，国内各界人士讨论的中心是袁世凯的去留问题。但黄兴始终不改变自己的主张，他的旗帜依然鲜明坚决地站在倒袁一边，主张反袁到底，前车之鉴，决不半途而废。于是 5 月 9 日，他一登陆日本，便给袁世凯发了一份电报，对袁世凯发出严正警告，他在电报中是这样说的：

生平以权谋奸诈，愚弄一世，以此骗取总统，以此攘窃帝位。然卒以此败，岂非天哉。……人民愤公之欺诈，誓死拥护共和，一隅轰起，全国响应。公知大势已去，始下令取消帝制，不得为皇帝，犹冀为总统，公之厚颜无耻，毋乃太甚！公之反复无信，已至再三，人民不复为公之所愚。人民既一再以剑血拥护共和，断不肯复戴一背衅共和、主张帝制之元恶为总统。公虽善于变化，不拘泥名分，然由欲望未满之皇帝，化身为总统，在公为降尊，在国为奇辱， 在世界为笑柄。公如负固不即行引退，人民必将诉最后之武力，正公一人畔国之罪。

除此之外，5 月 12 日，黄兴又发表《致全国各界讨袁通电》，他恳请大家不要再对袁世凯有所希望，呼吁国内外所有反袁的力量应当联合起来，不分党派地域，同心协力将袁世凯赶下台。与此同时，孙中山也是坚定地站在倒袁这一边的，也发表了讨袁宣言，他还提出了联合讨袁的主张，因为在经历了二次革命的失败以及革命党人的内部纷争之后，孙中山也尝够了孤军奋战的滋味，更加发现革命力量联合的重要性。面对孙中山态度的如此转变，黄兴打心眼里高兴，于是便开始积极筹备军械。全国反袁形势也一天天高涨起来，袁世凯受到的刺激也一天比一天大，自云南最先发难之后，山东、湖南、四川、江苏、陕西、安徽、江西等省接连爆发了由以孙中山为首的革命派领导的反袁起义。在全国这样一个形势下，袁世凯几乎无力再控制各省，对他来说，末日即将要来临，但他还是不愿轻易放弃，仍然在做最后的挣扎。显然他的挣扎苍白无力，他的病情反而越来越严重，最终因医治无效在1916年6月6日去世了。这一天，黄兴做了一副挽联：

算得个四十年来天下英雄，陡起野心，假筹安两字美名，一意进行，居然想学袁公路；

仅做了八旬三日屋里皇帝，伤哉短命，援快活一时谚语，两相比较，毕竟差胜郭彦威。

而在袁世凯的办公桌里也发现了他为自己写的一副挽联：

为日本去一大敌；

看中国再造共和。

但是令人没有想到的是，北洋军阀势力还在，一个袁世凯死掉了，又有许许多多“袁世凯”浮出了水面，虽然袁氏退位的问题解决了，但是政权却并没有如愿以偿就落到了革命党人的手中，因为袁世凯手下的段祺瑞似乎比袁世凯还要难以对付。此时黄兴也认识到袁世凯虽死，但北洋军阀的残余势力仍然存在，如果想要巩固共和制度，革命党人只能发动一切力量，从根本上铲除袁世凯的残余力量，做最后一搏。6 月 7 日，即袁世凯死去的第二天，黎元洪就任总统，孙中山、黄兴等从维护民主共和制度出发，积极主张恢复旧约法，召开旧国会。但是北洋系统的封建余孽始终在阻挠共和制度的完善与发展，处处与革命党人作对，他们竭力维护旧的统治秩序，把优待清皇室和保护袁氏家族的生命与财产放在了首要的位置。此时黄兴、孙中山等人也不做丝毫妥协，段祺瑞等人不得不退让，恢复了《临时约法》。至此，历时一个月之久的新旧约法之争，最终以恢复《临时约法》与国会而告终。这是孙黄再度联手之后获得的又一个胜利。

黄兴在广大人民群众中拥有极高的威望，而且他的人缘非常好，大家都对他给予了厚望，于是国内的友人同志们纷纷致电希望他能早日回国。于是黄兴在 1916 年 7 月 4 日从日本起程，两天后到达上海，回到祖国。黄兴与祖国阔别已经有三年之久了，这三年，在这片土地上有太多让人不堪回首的往事，当他再次踏上这片热土之时，心情是十分激动也十分复杂的。三年前他逃离祖国，甚至没有合身的衣服，没有温暖的住处，去到了异国他乡。在国内，革命党人辛辛苦苦流血奋斗建立起来的基地，几乎全被袁世凯为首的反动势力铲除，祖国广阔的大地也没有一个地方容得下他。而今天，他终于重新站在了祖国的这片土地上，怀着激动的心情，因为袁世凯终于被打倒，国家前途又

蔡锷

重现光明，自己这么多年的努力与付出也算是看到了结果与希望。但同时，即使是政局有所好转，黄兴却还在忧虑，因为“三年以来，人心风俗，国家纪纲，败坏已达极点，一时救拔，殊不易易。”由此不难想见，今后的改革与建设，定会困难重重。如何达到国家富强、民族独立的目的又是黄兴接下来在思考的问题。

回到上海，在隆重的欢迎仪式之后，黄兴暂时住在法租界圣母院路。社会各界的人士都前来拜访他，也是在这里黄兴再次见到了阔别已久的孙中山，二人一见面就非常亲密，又一起商谈国事。黄兴到达上海之际，也恰好是重新召开国会的日子。对于要复会的国会，黄兴是非常期待的，因为国会是共和国的权力机构，也是发扬民主的重要阵地。在他的内心深处，始终有这样一种理想：在一种正常的体制下，人们可以坐下来讨论国家大事，为国家的未来共商大计，对现实中存在的问题加以解决。他的理想就是这样简单，但一直在他心里，他的这个心愿眼看就要实现了。在会议召开之前，为了更好发挥两院议员的作用，黄兴向他们提出了几点希望：

第一，也是黄兴一直以来在强调的一点，就是团结。无论发生什么事情革命党人应当紧紧地团结在一起，共同促进政治步入正轨。虽然袁世凯已经死了，但是袁氏的根系还在，北洋军阀的残余势力还在，如若革命党内部都不团结，那么很容易被反对势力钻空子，革命党人只有拧成一股绳才能发挥出自己的优势；第二，就是制订宪法。一个国家要想要井然有序地运作，必须要有一部强有力的法律来作为依据。这是他在美国期间感受最深的，因为一个国家有了宪法，就好像一个房子有了基石，让人民行有所依，让独夫民贼不敢冒天下之大不韪；第三，国会要依据宪法发挥应有的作用。无论何时，国会的议员们要严格要求自己，不可以轻言乱语，不可以胡作非为，必须起到示范作用，而始终坚守自己的职责；第四，借款问题。一个国家可以在关键时刻借款，但是国家的领导人在任何时候都不可以利用国家来满足自己的私欲；第五，就是人民的权利。人民必须有选举的权利，官员应当由人民选举产生，而不是任意任命，一些地方可以实行自治。

在上海的这些日子里，在经历了这么多的风风雨雨之后，黄兴对革命有了比较深刻的认识，他不想再去北京，卷入政治的旋涡，而是把重点放在了教育和工商业上，因为在他看来这些远比政治更有实际意义，黎元洪想要让黄兴到北京政府参与政事，黄兴拒绝了，他只想做幕后的工作，因为他自己的身体也渐渐一天不如一天，很多时候他是力不从心的。

回国之后的几个月里，黄兴还是放不下国家的事，他仍然抱着病体，没日没夜地关注着全国局势的走向与发展，工作起来的他似乎已经忘了自己还是个病人，似乎早都听惯了医生嘱咐他要多休息，不能长期劳累之类的话，他还是一如既往地工作。但是，每天这样超负荷的工作，让他的呕血毛病发作更频繁。

1916年10月10日，黄兴因为胃血管破裂，导致大出血，昏迷长达一个多小时。从此之后他的病明显加重，家人再也不能让他这样折腾，长子一欧到处寻医问药，但是大夫都说只要好好休息便可，可此时静养对黄兴来说已经太晚了，他给还留在日本的妻子廖淡如发电，让她尽快回国。似乎他自己也已经很清楚自己的病情了，希望在自己尚未不省人事之前做好安排。

海内外各界人士得知黄兴病情加重，纷纷来电写信表示慰问；总统黎元洪派何成浚到上海探望黄兴，国务总理段祺瑞发来慰问电报。就这样到了10月中旬，黄兴的病有了一些好转，不再吐血。但是医生心里却很清楚，他的病可能还会继续恶化，因为黄兴经常觉得胸闷气短，明显是胸腔积水的症状。果然，不久之后，黄兴的病情再次加重，10月下旬，他的肝部已经肿大，病情似乎已经不能控制。10月30日，孙中山得知黄兴病情严重，就一直在黄兴的身边。李书城和何成浚也一直陪伴着黄兴，照料一切。但此时黄兴的病情已经是难以挽回了。黄兴此时依然很豁达，对身边的儿女说："吾死汝勿泣，须留此一副眼泪，为他苍生哭，则吾有子矣。"

10月31日凌晨4时，黄兴与世长辞，告别了这个他还留有很多遗憾的世界，告别了多年与他驰骋沙场的战友，告别了最亲爱的亲人，告别了陪伴他大半生的妻子，年仅42岁。

黄兴去世的当天，发布了《黄克强逝世通告》。11月1日，总统代表以及社会各界代表到黄兴灵前祭祀；12月17日，日本东京各界在青松寺召开追悼大会；12月18日，北京国会通过《国葬法》，决议国葬黄兴，葬于长沙岳麓山；12月21日到22日，黄兴在上海法租界霞飞路的寓所设立灵堂，公开吊祭。总统黎元洪亲笔题写挽联：

成功却爱身萧散，
大勇哪知世险夷。

12月23日上午10时，黄兴的灵柩在上海各机关、团体代表以及驻上海各国领事、舰队将领的护送下，登上“长安”号商船，前往长沙。1917年1月5日，黄兴的灵柩运抵长沙，灵柩登岸后，由大西门进城，暂厝于营葬事务所。4月13日、14日两天，人们可以瞻仰黄兴遗容，直到午夜，瞻仰的人还有很多。4月15日，长沙全城机关学校放假一天。上午9时，黄兴灵柩起运，长沙各界代表和中小学生分立街道两旁，目送这位伟人离去。下午3点，灵柩安放完毕之后，举行国葬典礼。国葬之后，黄兴的子女将日本友人久原房之助送给黄兴的一把古刀、武昌起义后黄兴使用的战时总司令指挥刀以及黄兴生前用过的几支毛笔、长子一欧攻打南京天堡城时的一个炮筒，放到黄兴墓中，然后关闭墓门——黄兴就这样安静地告别了一生关心的祖国，从此长眠于地下。

延伸阅读

在武昌受任民军战时总司令时的讲话

兄弟才识本不胜任，既承不弃，亦不能不尽力。现今各省响应，大功已将告成，然我同胞亦不可以此自满。兄弟今日有三层意思勖我同胞：第一须努力。现在黄河铁桥已毁，敌兵已无归路，誓不能不拼死命以与我对敌。我若稍存畏缩，敌即攻入我腹心矣。临战时倘不努力，后退者决意斩首示众。第二须服从。军队纪律，非服从不可。倘不服从，长官命令皆不能行，此种兵士万不能以之临战。以后，军界同胞须服从长官命令，无论如何危险，皆不得规避。第三须协同。自来成大事定大业者，必自己能同心协力。若自己各存意见，互相枘凿，无论有何种势力，皆不能成事。洪杨之败，其前车之鉴也。我同胞无论办事人及兵士，皆宜互相友爱，以期共达其目的。

……斯时清廷仍未觉悟，派兵来鄂与民军为敌，我辈宜先驱逐在汉口之清军，然后进攻，收复北京，以完成革命之志。今日既承黎都督与诸同志举兄弟为战时总司令，为国尽瘁，亦属义不容辞。但是军人打仗，第一要服从命令，第二要同心协力。自今而后，对于作战，倘有不服从命令及临阵怯敌者，即以军法从事。尚望大众努力前途为要！

1911 年 11 月 3 日

祭宋教仁文

惟中华民国二年四月十三日，黄兴等谨以珍蔬玄酒致祭于宋先生遯初之灵曰：

先生非可死之人，今非先生可死之时，私党狙击非死先生之道，而竟车站一瞬遂殂元良乎？自先生之殂，卒卒时日，寰宇不春，薄海群黎，以泪洗面，瞻念国故，涓涓以悲，时复废箸，頫首痛哭入梦者盖二十日于兹矣。彼二三巨恶，自阅新丧，曾未尝不哀辞琅琅以欺国人。先生生而为英，死而为神，朗朗天路，当升而为雷霆，降而为地震以惩警之。独吾生死并命之国人，际以哀典，捧泪一掬，尚为先生所神明眷念怆凄享之者乎？自民国失先生，昔之戚然于边患者，今则撤守受降，回车集中矣；昔之与民同体者，今则鸣珂清跸，深居旧宫矣。呜呼，曾几何时，乃至于此！国人闻之，已对此祸胎怆然泪下。矧一灵未泯，尚记先生临命遗恨之言乎？先生聪明，在天之灵，宜烛其奸。默度先生临此哀典，当必如曩日之晓着朗畅，慨慷诏吾，俾践吾侪与先生十年来平民政治之约，以巩共和。顾自先生之丧，良直君子，捐弃旧恶，以一进行。即令枭恶相济，造作祸难，秉吾忠贞，当可克之。此吾国人借先生今兹之来享，佐蔬酒以告慰者。嗟呼！诛奸救民，后死之责不胜，则此日挥泪灵前之众，既继先生以死之魂矣。尚飨！

1913 年 4 月 13 日

在美洲中国国民党支部召开“二次革命”纪念大会上的演讲

今日美洲国民党支部开“二次革命”纪念大会，兄弟适漫游至此，得与男女诸同胞相见，荣幸何似！惟“二次革命”，鄙人身列其间，故今日愿将此事始末布告于诸君之前。惟诸君垂听焉。

今日之会，一所以纪念“二次革命”之先烈，二所以纪念“二次革命”之失败，三所以祝“三次革命”之成功。然而自“二次革命”失败以来，袁世凯目国民党为“乱党”矣，无智附和之者，亦目为乱党矣。今欲有所论述，不能不先从此点说破。

犹忆亡清时代广东辛亥三月二十九之役，黄花岗烈士七十余人，当未反正之初，清政府何尝不以“乱党”目之，乃反正而后，各界开纪念会，开追悼会，有口皆碑，咸目为烈士者何也？黄花岗七十余烈士，为人民谋幸福，反对清政府而死难，清政府故目之为“乱党”。今“二次革命”诸先烈，为人民争共和，反对袁政府，亦与黄花岗诸烈士同一心理，故袁政府亦不得不目之为“乱党”。夫以为人民谋幸福、争共和之英雄豪杰，竟为人诬为“乱党”，吾恐先烈九泉有知，不能瞑目矣。至于袁氏破坏民国之罪，罄竹难书，若将其颠末一一说出，虽尽一日之长，犹不能说尽。然不略举以相告，恐诸君不知也。

然吾今欲举袁氏罪恶，又不能不先举一要点以相告。此要点为何？即国民党之主张是也。国民党之主张为何？盖以人道主义自持者也，以建设完全政府为责任者也。当第一次革命初起之时，扬子江以南尽属革党势力，固不待言，即黄河以北，除河南、直隶两省势力略薄外，是全国已入于革党势力范围矣。而当时何以不直抵北京，作黄龙之痛饮？只以袁氏当时戴假面具赞成共和，吾人以革命之目的已达，加以吾党以人道自持，不忍再动干戈，至人民涂炭，故让总统于袁氏耳。然则吾人非为私图，久已表明于天下。今在座诸君，有国民党人，有未为国民党人而表同情于国民党者，有或未表同情于本党者。本党无论矣，敢问表同情于本党诸君，请问诸君良心，以“乱党”目国民党人，则诸君实自居于何等？

夫本党以国家为前提，而袁氏亦曰以国家为前提，其真伪善恶，似难别白，然其手段、其主张实与吾党不同。但此点恐在座诸君尚有所惑，请略为解释可乎？诸君乎！我至亲至爱之诸君乎！试将南京政府吾党执政时各省所行政策，与今日袁党执政时各省所行政策一比例之，亦可明白，无需兄弟之喋喋。惟袁氏罪恶甚多，而其最甚者，可分作五类说之：一、弃灭人道；二、违背约法；三、破坏军纪；四、混乱财政；五、扰乱地方。

何谓人道？其最显浅者，譬有小孩子于此，人人对之，无不爱重之，保护之，而不凭其有危险，此即人道之见端也。然即此心理扩而充之，无论何时何地，当以待小孩子者待全国之人，其量乃广。再而充之，不独视一国如是，即视世界一般人类，下而及之一草一木，凡有生机者，亦当如是。此种心理，在座诸君人人所同具，设有残害小孩子，欺压小孩子，人人见之，皆谓之为弃灭人道，当为人所共弃也。今袁世凯最无人道，与匹夫匹妇置小孩子于最危险地位无异，而人反有恭颂之者，真可异矣。

夫袁氏弃灭人道之实据至多，今略举之。其一则残杀张振武、方维是也。此二人者，有功于第一次革命，袁氏诱之入京，假为宴会，即被逮捕，不待法庭审讯，仅借口于黎元洪电告，即加以“反叛民国”之罪名，星夜枪毙。此袁氏弃灭人道者一也。

其二，不以明杀，而用暗杀。如广西都督沈秉堃，袁氏以其每不满意于彼，于是饵以内阁总理，诱至北京，密令私人于宴饮场中，置毒杀之。此袁氏弃灭人道者二也。其三，毒杀林述庆也。林为国民党老同志，首次革命至为有功。袁氏以其不满意于己，诱之入京，亦于宴饮中毒杀之。此袁氏弃灭人道者三也。

尤有甚者，去年党狱繁兴时代，民党人居留北京者，袁氏多方诛戮，乃犹以为未足，有一夕而暗杀数人，尸首不知所在者。是其对待民党手段，尤为令人难测。然袁氏尚以为不足以大伤民党之元气也，而购凶暗杀宋教仁之事又起矣。宋君主张政党内阁，当时与袁氏所主张者不同。袁氏去宋之谋益急，于是运用其金钱、其勋位，示意赵秉钧，先由赵指使洪述祖贿通应夔丞，由应夔丞转购武士英。当暗杀宋君时，兄弟在车站与宋君并肩而行，而凶徒突向宋君轰击，凶星骤至，凶手在逃。后用敏捷手腕，始将应夔丞、武士英拿获。而袁氏以此案发生时，恐事机不密，终至败露，即设计将应、武诸人，陆续置之死地，为灭口之计。惟赵秉钧一人尚知底细，赵不死终恐破案，故卒又置赵于死地而后已。其明杀暗杀之手段如此，亦可见袁氏之弃灭人道，无所不用其极也。

何谓违背约法？约法者，于宪法未成立之前，人人所当共同遵守者也。乃袁氏自攫得总统以来，假共和之名，行专制之实，其种种违法，不胜枚举。而其荦荦最著者，莫如制造勋位一事。盖共和国家，人民平等，由总统而官吏，均为人民公仆。只言职守，无所用勋位也。而袁氏为笼络人心计，为黄袍加身之预备，独有此天开之异想。此其违背约法者一。

次则私行设官。夫民国官职原有定额，而袁氏志在收服人心，位置私人，遂任意开辟宦途，别立名称。如总统府中，除顾问三千余员外，其他若各处之宣慰使、镇守使、镇抚使等等名目，不一而足。无论为君主为民主，皆中外各国所无，而袁氏独为之。此其违约法者二。

次则星夜借债。自宋案发生以后，以政府首善之地，为购凶暗杀之场。其时公愤在人，汹涌莫压，袁氏自知与民党有不两立之势，于是不俟议院通过，即星夜签押，与五国银团径借二千五百万镑，为对待民党之准备。当时国民党人张继、林森诸君以袁氏违法，不经两院通过，亲往银行阻止，而卒为袁氏势力所压制，志不得行。此为违背约法者三。

何谓破坏军纪？夫各国军队，所以保护人民，抗拒敌国，为对外计，非所以对内而杀戮国民也。而袁政府大谬不然者，当南京政府成立之后，南北议和，民党为人道计，冀免生民涂炭，举总统而让之袁氏。惟当时所要求于袁氏者，以迁都南京一事，最为要着。民党之意，实欲脱离满清关系，建立真正共和。讵袁氏为一己私人计，意以己之得力军队，遍布北方，若一旦脱离南下，势难稳固，无以遂其盘踞之志。故借部下军队以压制国民，指使彼辈在北京、天津一带，忽起变动，奸淫抢掠；复唆使心腹播散谣言，造成一种袁若南下难制军队之舆论，俾袁得所借口，其破坏军纪为何如耶？

然袁氏之破坏军纪，犹不止此。首次革命之后，南方各省民军虽陆续解散，然所留之劲旅尚多，且皆愤袁之专制，多有怀革命思想者。而各军又皆知守法，无由嫁祸，乃袁竟择其中一二不肖之军官，如暗令余鹤松运动江西，刘茂贞运动南京，黄和顺运动广东，务使军队自行变动，乃可施以解散，补以北兵。此其破坏军纪之尤者。至拱卫军前呼后拥，额逾数万，而均毫无军纪，等于袁家之仆役，以视孙中山总统南京时，卫兵不过数十，相去为何如耶？

混乱财政。财政者，国家之命脉也。国家保护人民，而后人民纳税于国家。故国家财政，即为一般人民之血汗，必有预算、决算以整理之，日求国家财政之丰裕，人民负担之减轻。若袁之于国家财政则不然，其对于交通银行，此为其黑幕最大者。盖交通部中铁路等类之款项，为交通起见，出入颇为利便，而袁则借之以滥发钞票至一亿之多。尤复大借外债，以为购买军队、贿买议员、笼络报馆、预为攫夺总统之需，几致全国财政支绌，而陷于破产地位。试问袁氏借此巨款，他日袁氏负清还之责，抑吾民共担此责任乎？愿诸君其一思之。虽然，国家贫乏，非不主张借款，苟借之以供开矿等等利民福国事业则可，借之以供私人之用则不可，其间最宜分别者尔。

扰害地方。袁世凯之在今日，人有谓之为大总统者，在吾人视之，实一大贼头耳。盖袁氏果为总统，则宜如何保护地方，使吾民日臻安乐。乃袁氏莅任将三年，盗贼之劫掠也如何？军队之骚扰也又如何？是谁之咎欤？今阅各报，白狼之行踪，忽然而陕西，忽然而山东，所过之地，多被搅扰，是为吾民之大贼者，似不能不目白狼矣。不知为白狼之大贼头者，更有一袁世凯也。白狼河南人，与袁氏同乡，不过巡防营之哨官耳。袁氏因欲杀黎元洪之势力，因而沟通白狼，使之摇动湖北军队。同时更有九龙匪遍于长江一带，只为朱瑞、程德全等军所击散，故不成功。此外更有一共进会，即袁氏密令应夔丞等所组织，以扰乱南方各省之军队也。然亦旋举而旋仆，今所存者仅白狼一股耳。初时白狼本听袁氏指挥，彼因袁、黎已两相邀好，白狼已无用着之处，遂日疏白狼，白亦渐渐不听节制。迨后河南都督张镇芳招降白之部下头目数十人，不旋踵即置之死地，于是白狼大忿，持复仇主义，至有今日。若是，则袁氏以总统资格，而勾引土匪以贻害地方，其居心尚堪问耶?

袁氏有此种种罪恶，倘吾民犹不知起而反抗之，直可谓坐以待亡者耳。苟不欲亡国，则未有不群起而攻之者也。此所以素持和平主义之国民党，首先发难，而有此“二次革命”之举。然此不得已之战争，实袁氏迫成之耳。何以言之？当袁氏派兵到江西九江时，其军队故意愈迫愈近，如临大敌，大有攫击林虎所带军队之概。故七月十二日，两军互击，即为“二次革命”之先声。兄弟此时知事已决裂，即到南京，被举为讨袁总司令。惟当时南京已非完全民党势力，仅江西、湖南、广东、安徽四省势力尚在耳。而广东又有江孔殷、梁士诒等走狗用金钱买通军队，亦不尽可靠。惟时尚在战争中，军事不容稍缓。然上海为南京咽喉，时陈其美力任攻沪制造局之责，死战而不得下，不得上海，则南京实不易为力。无何，湖口失败之消息又到，迫得在南京先开一军事会议，拟调南京健旅往援江西，而各军官多不主张，盖亦有故。因军人等已在疲倦之下，不宜再劳师于江西。故渐将军队退出，然后分兵或入广东，或过江西，以期互相响应。此南京不守，所以致此次失败之由也。且其时知大势已去，不宜再为负隅之计，以徒劳兵事，而致引起国民无穷之恶感，反不如留后来之地步，以做第三次革命工夫。此国民党之所以光明磊落，虽至失败，亦可以对国人者此也。

今日为第二次革命纪念会，兄弟经把“二次革命”之原因及其失败情形，略为诸君述之。至后日袁氏如何作恶，实在不能预测。惟诸君奋起精神，驱此妖魔。此非国民党一部分之事，实为全国人民应为之事也。诸君其勉之。

1914 年 7 月 15 日

促袁世凯退位声明电

北京袁世凯大鉴：国人未尝负公，公实负国。公生平以权谋奸诈，愚弄一世，以此骗取总统，以此攘窃帝位。然卒以此败，岂非天哉！共和创造之初，公誓与国人竭诚拥护共和，故吾党欣然以总统让公。未几，公握大权，乃用武力破坏共和，阴谋帝政。法律不足以制公之凶恶，余始于癸丑之秋兴师问罪，公于是时复申前誓，力保共和。人民为公所欺，希望和平甚殷，余不忍拂人民之意，故中道罢兵。公此后遂以为人民易欺，更无忌惮，帝制之谋，竟成事实。人民内困，强邻外侵，公之不恤，于国势险恶之时，乘欧战正酣之际，悍然为一身一家之谋，而竟以此激全国人民之怒。人民愤公之欺诈，誓死拥护共和，一隅轰起，全国响应。公知大势已去，始下令取消帝政，不得为皇帝，犹冀为总统，公之厚颜无耻，毋乃太甚！公之反复无信，已至再三，人民不复为公所愚。人民既一再以剑血拥护共和，断不肯复戴一背畔共和、主张帝政之元恶为总统。公虽善于变化，不拘泥名分，然由欲望未满之皇帝，化身为总统，在公为降尊，在国为奇辱，在世界为笑柄。公如负固不即行引退，人民必将诉最后之武力，正公一人畔国之罪。公以一人而敌全国，岂非至愚？牺牲多数生命，以争个人之公职，岂非至酷？今者独立之声遍于全国，兵精械足，士气振奋，而公众畔亲离，左右皆敌，公纵不知爱国为何义，亦当知所以保身保家之道。若见机早退，犹得略息人民之怒，稍留去后之思。不然怨毒郁结，何所不泄？势机切迫，稍纵即逝，望速决择，无贻后悔。黄兴谨布。

1916年5月9日

致全国各界讨袁通电

袁氏僭逆，毁法祸国，滇、黔倡义，桂、粤、两浙继起，其他各省亦多仗义直言，迫令退位。神州有人，国犹可立，友邦倾动，民意或苏。惟是元凶势穷，意仍负固，不除祸本，终是养痈，痛苦已深，何堪再误？历读护国军政府宣言，根据约法，解决国纷，力秉公诚，无任钦仰。此次讨逆，出于全国人心，理无党派意见，更无南北区域之可言。今既谊切同仇，务希协力策进，贯彻主张，速去凶顽，共趋正轨。兴居美两载，今新返东邻。虽驽蹇无能，而报国之志犹昔，愿随国人后竭诚罄力，扶翼共和，勉尽义务，不居权位，区区此心，幸垂察焉。黄兴。文。

1916 年 5 月 12 日

在欢送驻沪国会议员北上大会上的演讲

自癸丑失败，国会解散后，鄙人以为自此以往与诸君相见之事，几成绝望。何幸天祚吾人，犹得与诸先生重集一堂。居今思昔，不禁感慨系之矣。今国会行将开会，诸君不日北上，不可无一言以相赠。兹特略述鄙人对于国会诸君之所欲言者，诸君其留意焉。

夫此次政变，简单言之，乃新势力与旧势力之争，官僚派与民党之争。然使混言之，曰新，曰旧，曰官僚，曰民党，则犹有未尽。盖新派与民党不必皆善，而旧派与官僚亦未必尽恶。故以正确之义言之，实正义派与非正义派之争也。旧派与官僚，换言之，即非正义派。至袁世凯未称帝以前，热焰熏天，目无民意，以中国之大，几无新派与真民党容身之所，可悲孰甚？

幸正义不没，民权获伸，袁逆自毙，帝孽潜逃，可谓正义派战胜非正义派之第一幕。虽然，邪正不幸并立，正义派苟不团结一致，则非正义派之势力，不惟不能打消，反将乘隙潜进，死灰复燃，国家前途仍有可虑。鄙人今以至诚挚之意，切望凡属于正义派之人，宜结合为一，进而推之于前，以为国内势力之中坚，不致使非正义派仍有恢复旧势力之一日，则吾国前途其庶几矣。尝念此次举义以来，从前政党竞争全归乌有，悉进而集于正义之下，此为一极可庆之现象。但党派在今日虽不可有，然须将官党、民党的界限，分别得清清楚楚，不可有丝毫的蒙混。对于官党则排斥之，对于民党则结合之。今日诸君北上就职，甚望诸君此后不树形式上之党别，而为精神上之结合，此鄙人之第一希望也。

癸丑之时，凡官僚派人，动以“捣乱”二字讥弹国会，国民不察，亦往往附和之，此至可慨叹者也。彼等之意，谓因有国会自身之捣乱，而后有袁氏之解散国会。然平心论之，国会并非捣乱，真捣乱实为袁世凯也。夫国会对于国家负有重大之责任，当此袁氏行政屡屡违法，国会之据法相争，正所以尽其职守。不过议员之争民权、抗暴力，自野心者官僚派无识之人方面观之，遂见而为捣乱耳。故求国会之能尽其职任，不患其为正当之捣乱，而患其与暴力政府之捣乱噤若寒蝉耳。平心论之，先有袁氏之违法，而后有国会之抵抗，而有非法之解散，故袁氏之违法为因，即国会之抵抗为果。今若曰国会捣乱，而后袁氏违法，不通之论也。今者诸君又将行使职权矣，所望仍尊重责任之观念，勿轻背神圣之职守，即不幸有与行政部争执之事，亦视为职守之当然。吾意国民今日经此大教训后，断不致仍任非正义派人复以捣乱之名词加之诸君，是望诸君勉之者也。虽然，癸丑之冲突，全以袁世凯一人之故，今总统黎公平和坦直，为诚心欢迎国会之人，以诸君之爱国，总统之忠诚，吾信此次开会后，国会与政府必能十分融洽，断不至复有癸丑之事。前言云云，所以察是非之真，明责任之辨，而非有疑于今日之政府者也。

鄙人尚有希望于诸君者，即此后对于借款问题须特加注意是也。今人往往有一种谬论，谓袁氏实为强有力之人，谓中国非袁氏不能维持。今袁氏虽死，而误此论者尚属不少。实则平心论之，袁氏何尝有真正能力。癸丑之役，彼之所以成功者，惟赖有二千五百万镑耳。及金钱既尽，能力全销。故袁氏之能力，不外金钱之能力也。鄙人因袁氏之先例，知金钱为物，足以启野心者之图谋不轨，甚望国会开后，对于借款问题特加注意。然此并非谓借款绝对不可为也，亦非对于今日之北京当局有戒心也，亦以促国人之注意，勿令非正义之人更得借金钱之能力，行政治之罪恶，此则区区之微意矣。

犹有言之，自袁氏盗国，酿成战祸，于是一般国民对于今后之国家，犹有惧逆党之复活者，此实过虑之论也。夫经此次义战，共和制度在中国亦证明为真理，而自世界观之，民主潮流日益普遍，君主制已成为过去之废物，吾国今后断不容再有第二阴谋出现。兹所望于诸君者，惟对于共和政治之前途为积极之建设，而不必更鳃鳃焉以预防帝制为事，或生无谓之风潮。前途方长，惟诸君勉之而已。

1916年7月13日

在广东省驻沪国会议员举行的茶话会上的演讲

国民今尚在知识幼稚时代，固知专制之害民，尚未知共和之福民；固知维持共和之必要，尚未知官僚政治之未除。欲与之以觉悟，实赖言论界负有觉后之责者。约法为吾国共和政体之根本法。此次流血半天下，所争者只此。袁世凯死，吾国民声嘶力竭以请于政府，而政府既服从民意，恢复约法，今乃尚有全无心肝、反对约法之恢复者，此言论界所不可不注意者一。自袁世凯捏造民意而后，彼第二等野心家逞其辩口谲词，犹欲本其开明专制之抱负，申谬说于国中，此言论界所不可不注意者二。

顾吾今日欲有贡献于两院诸君者，中国军队纯统治于私人，以私人之军队，而加以国防军之外鞹，无知识无学问，宜乎为私人所利用。然则将因是而尽废之乎？则又不然。军队之罪恶不在军队之自身，而在政府之不能厉行国民军教育。何则？吾国生产力之薄弱，军费之不能得大宗供给，此为事实上无可免者。

自欧战开始而后，战线之军队动以百万、数百万计，是非仅各国军队之发达，乃其生产力充足，故养此巨额军队而有余耳。以吾国现在之生产力论，实无此养育巨额军队之能力，故今后宜注意于军事的国民教育，自小学以上，于普通教科中加入军事教育，则国中多一就学之儿童，即多一曾受军事教育之国民。一旦有事，征集令朝下，夕可得国民军在千万以上。此为军事上之改革，仆素抱而未发。两院诸君此去，对于军事的国民教育，宜注意及之。

惟欲提倡军事的国民教育，当先提倡国民教育。今国内之教育状态如何乎？仆曩在乡里，百里以内有小学四十余，取诸公款者为多。不及三年，闻所存不及七八所，资以办学之经费，皆消纳于筹备帝制及抵抗民军中。用知政治不改良，必无教育发达之望。而吾所谓军事的国民教育，尤将等于梦呓矣。孙先生顷言衣食住为政府对于国民施政之主旨，无适应之教育，则衣食住三字仍不易平均。何则？中国之所以穷，穷在贫富不均耳。欲均贫富，当令全国人民无一不有谋生之智能。欲全国之人民有谋生之智能，非普及教育不可。美国现在多有形似教育捐之一法，凡有恒产而具赡济教育之能力者，无不奔赴于提倡教育之旗帜之下，是则仆于两院诸君以外深望国民者。

1916 年 7 月 15 日

黄兴年谱

1874年　出生

10月25日，生于湖南省善化县龙喜乡凉塘；原名轸，号杞园，字廑午。后改名兴，字克强。

1879年　五岁

父亲开始教授黄兴《论语》、唐宋文词、书法。

1882年　八岁

进入萧举人家塾学习。

1885年　十一岁

进入本乡周翰林家塾学习《春秋》、《楚辞》和八股文。

1888 年　十四岁

在家自学。

1891 年　十七岁

秋天，与廖淡如结婚。

1892 年　十八岁

参加善化县考，落第。

1893 年　十九岁

进入长沙城南书院学习。

1896 年　二十二岁

参加县考得中。

1898 年　二十四岁

进入武昌两湖书院学习。

1899 年　二十五岁

武昌两湖书院肄业。

1900年　二十六岁

在自立军起义中，协助运动清军士兵。

1902年　二十八岁

官费留学日本。

6月，进入东京弘文学院速成师范科学习。

12月，与杨毓麟、樊锥、梁焕彝等创办《游学译编》。

1903年　二十九岁

4月29日，在东京锦辉馆参加留日学生声讨沙俄侵占东北罪行大会，会后参加“拒俄义勇队”。

5月2日，拒俄义勇队改名为学生军，黄兴负责教授枪法。

5月11日，学生军改名为军国民教育会，黄兴为归国运动员。

5月31日，回国策动革命。

7月，在武昌两湖书院、武昌文普通学堂宣传革命。后主持长沙明德学堂第一期速成师范班，向学生宣传革命。

11月4日，在长沙与刘揆一、宋教仁等为首筹组革命团体华兴会。

冬天，到安徽旅湘公学任教。

1904年　三十岁

春天，谋划11月16日慈禧太后七十生辰于长沙起义。

10 月 24 日，长沙起义消息走漏。化装海关职员赴上海。

11 月 20 日，受万福华谋刺前广西巡抚王之春事件牵连入狱。

11 月 23 日，获释后赴日本。

12 月，组织革命同志会。

1905 年　三十一岁

7 月，与孙中山在东京见面，讨论华兴会与兴中会联合。

7 月 30 日，在东京参加同盟会筹备大会，被推举为章程起草员。

8 月 13 日，主持欢迎孙中山大会。

8 月 20 日，参加中国同盟会成立大会，当选为执行部庶务。

12 月，经香港去广西桂林。

1906 年　三十二岁

夏天，离开桂林到梧州、龙州，谋划在广西发动起义。

5 月，赴新加坡，协助孙中山建立同盟会分会。

秋天，赴日本东京

1907 年　三十三岁

1 月，赴香港策划起义。

2 月，与孙中山、章炳麟等制订同盟会《革命方略》。

2 月下旬，从香港赴东京。

3 月 5 日，代理同盟会总理职务。

5 月，赴河内与孙中山商讨广东起义计划。

12 月 2 日，亲临镇南关之役。

12 月 11 日，被迫撤出镇南关。

1908 年　三十四岁

3 月 27 日，组织“中华国民军南路军”进攻钦州，坚持四十多天。

5 月 5 日，赶赴云南河口支援起义。

7 月，赴东京，整顿党务。

1909 年　三十五岁

10 月，在东京组织《民报》秘密复刊。

1910 年　三十六岁

2 月 12 日，在香港未能到广州指挥，广州新军起义失败。

6 月 7 日，赴东京。

11 月 13 日，在英属槟榔屿参加孙中山召开的秘密会议。

1911 年　三十七岁

1 月，成立建立筹划广州起义总机关，任部长。

4 月 23 日，在广州设立起义指挥部。

4月27日，广州黄花岗起义爆发。率队进攻两广总督衙门，右手在战斗中断两指。

4月30日，去香港养伤。

10月10日，武昌起义爆发。

10月23日，抵达上海。

10月28日，抵达武昌，被推举为湖北民军总司令。

11月2日，民军退守汉阳，被推举为中华民国军政府战时总司令。

11月27日，汉阳失守，辞战时总司令职回上海。

12月4日，光复各省留沪代表会议推举黄兴为大元帅，不受。

12月25日，代表中国同盟会欢迎孙中山回国。

12月29日，主持十七省都督府代表筹组临时政府会议。

1912年　三十八岁

1月1日，出席孙中山临时大总统就任典礼。

1月2日，被孙中山任命为南京临时政府陆军部总长。

2月13日，溥仪退位，通电各省各界维护秩序安定。

3月3日，中国同盟会全体大会在南京召开，孙中山为总理，黄兴、黎元洪为协理。

3月31日，被袁世凯任命为南京留守。

6月14日，从南京留守卸任，去上海。

7月17日，被中华民国铁道协会选为副会长。

8 月 25 日，国民党成立，被选为理事。

9 月 11 日，抵达北京。

9 月 25 日，北京政府公布孙、黄、袁、黎协定之八大政纲。

11 月 28 日，被袁世凯任命为汉粤川铁路督办。

12 月 12 日，与谭廷闿等人发起“洞庭制革股份有限公司”。

1913 年　三十九岁

3 月 20 日，宋教仁被枪杀。

3 月 25 日，在干部会议上主张“法律解决”宋教仁事件。

7 月 12 日，“二次革命”爆发。

7 月 15 日，江苏宣布独立，就任江苏讨袁军总司令。

7 月 29 日，亡命日本。

1914 年　四十岁

春天，与孙中山就中华革命党组党问题发生意见分歧。

6 月 30 日，由横滨赴美国。

7 月 9 日，抵达檀香山。

7 月 15 日，抵达旧金山。

10 月 5 日，抵达芝加哥。

1915 年　四十一岁

5 月 9 日，与李烈钧等人联名通电反对袁世凯承认“二十一条”。

12 月 14 日，致电美国驻华公使反对袁世凯复辟帝制。

1916 年　四十二岁

5 月 9 日，抵达日本。

7 月 8 日，抵达上海。

10 月 10 日，因病卧床休息。

10 月 31 日凌晨 4 时 30 分，在上海逝世。